dtv

Mitten in der Nacht erleidet Peter Härtling einen schweren Herzinfarkt. Der Notarzt bringt ihn in die Klinik. Intensivstation. Operation. Es folgen ein Lungenödem und ein Hirnschlag und eine zweite Operation. Mit staunenden Augen, sensibel reflektierend beschreibt Härtling seine Wahrnehmungen und vermittelt auf eindringliche Weise seine Verlusterfahrungen und den unbezwingbaren Wunsch nach einer Fortführung des gewohnten Lebens – der ihm erfüllt wird, auch wenn die Erschöpfung bleibt. Zur Bewältigung des Erlebten, zum Zurückfinden ins Leben gehört für Härtling wie schon in ›Herzwand‹ auch die Spurensuche in der eigenen Biografie.

Peter Härtling, geboren am 13. November 1933 in Chemnitz, Gymnasium in Nürtingen bis 1952. Danach journalistische Tätigkeit; von 1955 bis 1962 Redakteur bei der ›Deutschen Zeitung‹, von 1962 bis 1970 Mitherausgeber der Zeitschrift ›Der Monat‹, von 1967 bis 1968 Cheflektor und danach bis Ende 1973 Geschäftsführer des S. Fischer Verlages. Seit 1974 freier Schriftsteller. Härtlings gesamtes literarisches Werk, für das er 2003 mit dem Deutschen Bücherpreis ausgezeichnet wurde, ist auch bei dtv lieferbar.

Peter Härtling

Die Lebenslinie

Eine Erfahrung

Deutscher Taschenbuch Verlag

Ungekürzte Ausgabe
Januar 2007
Deutscher Taschenbuch Verlag GmbH & Co. KG,
München
www.dtv.de
© 2005 Verlag Kiepenheuer & Witsch, Köln
Umschlagkonzept: Balk & Brumshagen
Umschlagbild: Bettina Wengenmeier unter Verwendung
eines Gemäldes (2001) von Ben McLaughlin
(Bridgeman Giraudon)
Gesetzt aus der Stempel Garamond 10,5/15·
Gesamtherstellung: Druckerei C. H. Beck, Nördlingen
Gedruckt auf säurefreiem, chlorfrei gebleichtem Papier
Printed in Germany
ISBN-13: 978-3-423-13535-1
ISBN-10: 3-423-13535-2

*Der Tod beugt sich
über mich, eine Schachaufgabe.
Und hat die Lösung.*

TOMAS TRANSTRÖMER

Erste Passage

Der Schmerz, der mich weckte, drehte sich aus dem linken Handgelenk, fräste sich durch den Arm, der schwer und heiß wurde, erreichte die Schulter, lief auseinander, breitete sich als Gitter über die Brust aus, er lastete mit jedem Atemzug mehr und mehr, ein Panzer, der mir die Luft raubte, der mich zunehmend einschnürte und mir Angst machte.

Ich lag auf dem Rücken, starrte in die Dunkelheit, Wörter sausten mit einer solchen Geschwindigkeit durch meinen Kopf, dass sie ihren Sinn verloren. Ich fürchtete zu sterben.

Um Luft zu bekommen, an die Luft zu kommen, stehe ich auf, bin mit wenigen Schritten, denen ich nicht traue, am Fenster, gebe mir Mühe einzuatmen, mit einer Lunge, die sich nicht füllt, die steinern in der Brust liegt.

Ich bin mir nicht sicher, ob mir dieser eine Satz gelingt, ich wende mich ins Zimmer, erstaunt über die Übermacht und Dauerhaftigkeit der Schmerzen, und höre mich zu meiner Frau sagen: Kannst du bitte den Notarzt rufen.

Ich sitze auf dem Bettrand, warte, traue der Zeit nicht, die mir entgeht, weil ich nicht atmen kann, merke ich sie nicht. Ich lerne sterben. Mein Bewusstsein bereitet mich darauf vor, meinen ganzen Körper. Ich hocke, kaure und spüre, wie sich eine Haut zwischen draußen und mir bildet, dafür sorgt, dass ich mit meiner Angst für mich bin. Ich ziehe die Knie an, drohe vom Bettrand zu stürzen.

Sie kommen gleich, beruhigt mich Mechthild. Sie wiederholt den Satz ein paar Mal und entfernt sich Wort für Wort, bis die Helfer ins Zimmer stürmen.

Überraschend schnell haben sie mich in ihrer Mitte. »Sauerstoff«, befiehlt der eine. Ich fange an zu atmen. Von nun an werde ich mich nicht mehr strecken, unbeweglich in meinem Hockergrab.

Der Sauerstoff reißt Schneisen in die Brust. Danach bekomme ich eine Spritze. Die Männer gehen mit mir um. Sie fragen mich nicht. Sie wenden sich nicht an mich. Er muss sitzen bleiben, fordert die eine Stimme. Ich darf meine Hockerstellung bewahren, in mich hineinkriechen, obwohl es meiner Atmung nicht hilft.

Sie tragen mich sitzend die Treppe hinunter. Mechthild kommt hinter mir her, und im Vorbeigehen sehe ich, oben im Flur vor dem Gästezimmer, Friederike stehen, den Schreck wie eine Maske vorm Gesicht.

Sie schieben mich auf der in einen Sitz verwandelten Liege in den Rettungswagen, umkreisen mich, verständigen sich in Kürzeln.

Ich bin nicht imstande zu denken, die Angst hält mich besetzt. Ich möchte fragen, ob Mechthild mitfährt.

Einer der Männer, Sanitäter oder Arzt, drückt mir die Sauerstoffmaske dringlich ins Gesicht: Atmen Sie! Versuchen Sie zu atmen. Ich werde nicht mehr ersticken. Das Herz jedoch hängt wie ein Stein in seinem Adernetz. Sie reden, ich höre nur halbe Sätze, Sätze mit Löchern. Sie reden über mich. Ich versuche mich aus diesem elenden Zustand zu befreien. Kein Wort gelingt mir, es geht in der Kehle ein. Der Arzt telefoniert mit der Klinik, dem Rotkreuzkrankenhaus in Frankfurt. Sie finden den Eingang nicht. Durch einen Neubau ist er verlegt worden. Wir verlieren Zeit, höre ich den Arzt.

Verliere ich die Zeit? Geht sie mir verloren? Gehe ich ihr verloren?

Die Unruhe, die Ratlosigkeit der Begleiter füllen den engen Raum, spannen mich, machen mich aufmerksamer. Der Wagen fährt Runde um Runde. Bis einer, der im Auto des Arztes vorausgefahren war, die Einfahrt findet. Sie drängen. Sie haben es eilig. Mein Stuhl beginnt zu kreiseln. Nach einem aufgeregten Transport darf ich liegen und werde verkabelt. Ich bleibe in der Hockerstellung, obwohl die Schwester oder der Arzt mich auf den Rücken wälzt. Wahrscheinlich liege ich nicht günstig für die Infusion. Überraschend streichelt sie mir über die Wange: »Na gut«, sagt sie. Und ich falle zurück in die Schwebe, die Schutzhaut schließt sich wieder. Die Geräusche, die mich umgeben, die meine Kraft, meine Distanz messen, schließen mich ein, ein hüpfendes Summen, ein Tropfen und ein Gebrumm. Sie nötigen mich, Wasser zu trinken. Du musst, bittet Mechthild. Sie ist wieder da, mit einem Mal ist sie fort gewesen. Aber ich muss doch Wasser loswerden, das meine Lunge füllt, wehre ich mich.

Sie können sonst nicht den Katheter setzen, den Stent einführen.

Vor Jahren habe ich, als in der Inneren in München der Katheter meine Herzwand berührte, einen eigentümlichen Lachreiz empfunden. Jetzt lerne ich atmen, muss trinken, entwässern, warten, bis die Lunge frei ist. Mir ist das Lachen vergangen. Mir vergehen die besonnenen Sätze. Die Hitze erobert in kurzen Wellen den fensterlosen Raum. »Draußen«, sagen sie, »draußen wütet der Sommer.« Ich brauche keine Decke, ich liege nackt, die Beine angezogen. Der Schweiß rinnt mir in wechselnden Bahnen über die Haut.

Nachts – es ist die zweite Nacht vor dem Eingriff, vor dem Katheter – erscheint ein Wesen, das ich, wenn es sich nähert, vor der Wand wie einen Scherenschnitt sehe: einen zierlichen Kopf und Locken wie Ornamente. Es durchstößt meine Schutzhaut, seine Hände ziehen eine kühle Spur, behutsam wäscht es mich. »In dieser Hitze!«, sagt es, ein Vorwurf, der den anderen gilt, draußen.

Drinnen und draußen. Drinnen wachsen die Gedanken und Erwartungen zusammen zu Knoten. Drinnen ziehen Schmerzen Spuren. Drinnen schrumpft die Scham auf Kindergröße, wenn es sein muss, in diese unsinnige Flasche zu urinieren, und ›es danebengeht‹. Draußen geben sie Urteile ab und benennen das Elend von drinnen: ein Vorderwandinfarkt mit Lungenödem. Das Wasser steht mir bis in die Brust, und ich muss warten. Doch der Arzt, der den Katheter setzen soll, möchte in Urlaub gehen. Ich könnte seine Pläne durchkreuzen.

Drinnen und draußen. Mechthild und Fabian wachen. Allmählich nähern sich ihre Stimmen, kehren aus dem Unvertrauten, dem Entfernten zurück. Was ein Stent ist, wird mir beschrieben, ein Gefäßerweiterer, der dafür sorge, dass das Blut ohne Stau fließe, und neuerdings gäbe es eine besondere Sorte, derart beschichtet, dass sich keine Blutplättchen festsetzen könnten. Was ich höre, wächst zu kleinen, skurrilen Schaubildern zusammen. Ich erinnere mich an den ersten Katheter, an die Blutfontäne, nachdem der Schlauch aus der Leiste gezogen worden war. Ich erinnere mich an die dunkle Wolke der Kontrastfarbe. An die Hitze, die durch den ganzen Körper schoss. An den Lachreiz.

Ein großer schwarzer Pfleger mit einer schwarzen Stimme holt mich hinunter ins Souterrain zum »Eingriff«, reiht mich ein in die Warteschleife vor dem Operationsraum. Mein Kardiologe ist, ich weiß es – woher weiß ich es? –, ein Virtuose in der Beherrschung dieser durch die Aorta gleitenden Schlange.

Hier auf dem Operationstisch unter den Monitoren kann ich mich nicht krümmen. Der Schutz der gleitenden Bewusstlosigkeit geht mir verloren. Ich werde aufgerufen, angesprochen.

»Sie bekommen jetzt die zwei Spritzen. Sie kennen das ja. In die Leiste.« Die Stimme wird lauter, meint nicht mich, sondern ein paar Unsichtbare, die offenbar beobachtend helfen: »Verflixt, jetzt hat der auch noch einen Pilz in der rechten Leiste. Soll ich links rein?«, fragt er mich, sich, die andern. Er spielt. Ich bin zu schlapp, auf ihn einzugehen, entferne mich schon wieder.

»Gleich wird es Ihnen heiß«, sagt er. »Aber das kennen Sie ja schon.« Es hört sich so an, als hätten wir das alles geprobt. Ich sehe in mich hinein, eine graue Topographie mit wirren Strukturen, dunklen Inseln. »Das Herz«, sagt er. »Sehen Sie.« Ich sehe den Draht, die Schlange, die schwarzen Wolken, die sie voraussendet.

»Da ballt es sich. Da ist es zweimal zu. Kein Spaß.«

Der kleine Ballon an der Spitze des Strangs weitet sich, ein wütendes Köpfchen drückt den Kalk an die Wand der Ader.

Jetzt kann das Blut wieder fließen. Eine Narbe bleibt. »Nur« – die Pause weitet sich drohend und die Angst fördernd aus –, »nur, die zweite Stauung können wir erst beim nächsten Mal dilatieren. Ja?«

Ich kann mich nicht krümmen. Ich liege, schutzlos, auf dem Rücken, belagert und umstellt von Monitoren. Der Pilz, sage ich mir, der Schmutzrand, und schäme mich, aber der Operateur hilft mir mit einer anderen Begründung, haltbarer in diesem verqueren Kampf, mein Zustand sei zu labil nach dem Ödem, und das Herz habe, wie es sich zeige, Widerstandskraft genug.

Wogegen soll es widerstehen? frage ich mich, und die Müdigkeit nimmt zu.

Die Schwester bestätigt mich: »Das hat Sie sehr angestrengt«, sagt sie, nah an meinem Ohr. Es ist eine andere, nicht der milde Trost der Nacht. Sie haben es gelernt zu beschwichtigen, zu trösten.

»Wir werden uns wiedersehen«, verspricht der Arzt, und ich wünsche ihm erholsame Ferien.

Im Lift zur Station, begleitet von dem schwarzen Cicerone, fällt der Schlaf mich von neuem an, reißt mich in die Ohnmacht, in eine atemlose Finsternis. Seither hören diese Anfälle nicht auf: Schlaf, unerwartet, während ich lese, sogar schreibe, während ich warte, auf jemanden warte, im Zug fahre, in der U-Bahn, Schlaf nach dem Schlaf am Morgen, Schlaf, der Teile von mir auffrisst, vernichtet, sich in meinem Kopf bläht, Schlaf, der mich müde macht, mich für den Tod bereitet, ein Gift, eine Bewusstlosigkeit. Nichts. Ein Nichts, das sich mit abwegigen Träumen füllt.

Ich bekomme ein Zimmer nach dem Aufenthalt in der Intensivstation.

Mechthild wartet.

Sie lässt mich schlafen. Sie macht mir klar, wie alles nach dem Infarkt durcheinandergeraten ist, alle Pläne, alle Verabredungen, sie habe Termine absagen müssen, und die Ferien, die wir auf Hiddensee verbringen wollten, sind ebenfalls fraglich geworden.

Ich möchte heim. Ein Kindersatz, den ich schon einmal schrieb und Mörike in den Mund legte.

Ich muss noch bleiben. Die Ärzte reden auf mich ein, über mich weg. Fabian überrascht mich und legt mich fest. Er hat mich zu einem Reha-Aufenthalt in der Lauterbacher Mühle angemeldet. Um Termine brauchte er nicht zu feilschen.

Die mir seit Jahren vertraute Gegend, die mir bekannten Ärzte. Mechthild wird in den ersten Tagen bei mir sein. Seit der Nacht, in der ich an den Rand geriet, lassen wir uns nicht mehr aus den Augen. Auf der Fahrt zum Ostersee reißt zu meinem Verdruss der Tagesfaden wieder, verschlafe ich die Hälfte der Fahrt neben Mechthild im Wagen. Ich rede mich heraus: mein Nickerchen. Sie schiebt diese Einbrüche auf meine Schlafapnoe. Weil ich mich weigere, über Nacht die Atemmaske anzulegen. Das nicht, nein, das nicht!

Ich werde am Ostersee anders empfangen als die beiden vorhergehenden Male, zähle zu den Geschlagenen, gerettet durch Bypass oder Stent (die Stents nehmen zu). Lauter Vorsichtige, Rücksichtsvolle. Selbst beim Radfahren im Stand schont mich der Therapeut, die Laktatwerte passen nicht in seine Erinnerung an mich. Ich rauche nicht mehr, nein, ich rauche nicht mehr. Dann muss der Infarkt schlimm gewesen sein. Es ist wahr, er hat mir Packungen von Zigaretten aus der Hand geschlagen und mir eine lebenslange Sucht verdorben. Die Gespräche am Tisch, morgens, mittags und abends, wiederholen sich, unversehens werfen die Zukunftsängste einen Schatten, sechs Wochen hier und die lange Zeit in der Klinik jenseits des Bewusstseins.

Der zwischen Tod und Leben geklemmte Konjunktiv. Alles wiederholt sich, die so genannten Anwendungen. Die wunderbaren Entspannungsübungen nach dem Essen, der Spaziergang über die Gänsewiese zum See. Die Wiederholung wird zur Therapie. Mit Freunden, die ›nach mir sehen wollen‹, treffe ich mich auf der Caféterrasse, und der Blick auf den See, die Wiese und die den Horizont beherrschenden Berge erspart mir Auskunft zu geben über meinen Zustand. Es geht mir gut.

Ich habe ein halbes Dutzend Gedichte mitgenommen, Zeilen vom Schlaf, und schreibe, nachdem Mechthild abgereist ist, Verse im Rhythmus des Terrassenschlafs, kurze, röchelnde Atemzüge: ein Metrum, in dem ich mich finde.

Ich plane die nächsten Monate. »Passen Sie auf sich auf«, warnt mein Arzt in der Mühle. »Schonen Sie sich.«

Ich möchte mich nicht schonen. Vielleicht können wir doch nach Hiddensee in die Ferien reisen. Über den Berg und auf die Insel.

Hier auf dem kleinen Balkon meines Zimmers lerne ich, wie ich mich schauend von mir entferne. Ich hole eine Graugans in meinen Blick, fixiere sie, bis sie sich nicht mehr rührt, zum Bild wird, sich nicht aus dem von mir gezogenen Rahmen hinauswagt und ich mich nicht mehr traue, den Blick von ihr zu lassen.

Mechthild hält die Ferien auf Hiddensee nach dem Aufenthalt in der Lauterbacher Mühle für eine Übertreibung. Wir forderten das Unheil heraus.

Die Nächte kühlen nicht mehr ab. Schon am Morgen feuert die Sonne.

Die amerikanischen Truppen kämpfen mit ihren Alliierten im Irak.

Als der erste Golfkrieg begann, lag ich in der Augenklinik mit einer Operation am grauen

Star. Im Aufenthaltsraum sammelte sich ein Rudel Einäugiger vor dem Fernsehapparat, begleitete lauthals den elektronischen Krieg. Ich bat den Oberarzt, den Krieg verlassen zu dürfen. Er ließ mich ziehen.

Ich hätte auf den Vorboten am letzten Lauterbacher Tag hören, seine Aufforderung zu einer gründlichen Untersuchung der Adern ernst nehmen sollen: Die Kardiologen hatten mir zu einer üblichen angiologischen Untersuchung geraten.

Der Angiologe bestellt mich in den Keller – ein zierlicher, sich heftig bewegender Mann, klein, von Leidenschaft gekrümmt, einer, der auf seine inneren Stimmen horcht, er flucht auf den Doppler, den die Klinik ihm jedes Mal zur Verfügung stellt, ein Gerät, das ihm alles abverlange. Mit dem gelklebrigen Kopf des Geräts fährt er meinen Adern nach, bis er an den Hals gelangt und wütend in der Höhle unterm Kiefer bohrt, mir suchend Schmerzen bereitet. »Sie sehen«, zeigt er auf den Bildschirm. Ich kann nichts sehen! Was er da sehen wolle, frage ich ihn. »Die Carotis«, erklärt er, »sie könnte Ihnen Ärger bereiten!«

Ein weiterer Besuch der Schlange in meinem Herzen. Der zweite Stent soll eingearbeitet werden. Ohne Furcht vertraue ich mich den Artisten im Kardiologischen Zentrum an, bin auf die Sensationen gefasst: die Wärmewelle, der Blick auf die Monitore. Dieses Mal – oder täusche ich mich? – wandern die beweglichen Bildschirme über meinem Kopf hin und her und nehmen mir die Aussicht auf mich.

Du bist davongekommen, rede ich mir ein, angespornt von der Lauterbacher Laune.

Zweite Passage

In Bad Homburg führen wir auf der Terrasse des Restaurants Sommergespräche, über die Kinder, über eine geplante Reise nach Amerika. Das Licht wird gedimmt von meiner Schwäche. Wann strudelte der Pfropfen in die Ader, wann hielt er den Blutfluss im Hirn an? Wann staute sich das Blut in der Carotis? Es gab keinen Schlag, keine Bewusstlosigkeit. Es traten nur Schwächen auf, die für meine Begleiter sichtbar wurden. Sie halfen mir die Treppe hinunter auf den Gehweg, stützten mich beim Gang zum Auto. Taumelte ich? Auch der Veranstalter verhielt sich vor der Lesung fürsorglich, bewahrte mich vor dem Schrecken der Unsicherheit. Instinktiv nahm ich die Trennung vom Draußen in Anspruch, zog mich zurück ins erprobte Drinnen. Während der Unterhaltung fiel mir auf, dass ich schlecht artikulierte. Bei den Vokalen wurde mein Gaumen schwer, die Konsonanten sperrten die Lippen. Höhenluft! ging mir durch den Kopf. Sils-Maria-Stottern. Sie führten mich in den Saal. Ich habe keine Erinnerung. Ich las sehr leise. Mechthild widersprach: Man habe alles durchaus verstanden. Wie immer hätte ich gelesen. Von drinnen nach draußen?

Versuche ich die folgenden Tage zu erinnern, werden die Umrisse weich und ungenau. Ich finde so gut wie keinen Halt. Jedem Wunsch und jeder Weisung gebe ich nach. Fabian drängt mich, eine Kollegin zu konsultieren: Sie wird weiterhelfen. Mein Hausarzt, den ich nach ihr frage, schätzt sie, empfiehlt sie. Ich müsse mich sowieso dringend neurologisch untersuchen lassen. Weshalb, erklärt er mir nicht. Alle, an die ich mich wende, halten sich zurück, sind vorsichtig.

Freundlich und resolut hebt die Ärztin den Altersabstand zwischen uns auf. Das hilft. Sie lässt mich, wie einen Trunkenbold, der Auto fahrend erwischt wurde, auf einer Linie gehen. Ihr auffordendes Lächeln erlischt, als ich mehrfach abweiche und abstürze. Offenbar nimmt sie die Nachprüfung des Enzephalogramms ausdauernd ernst. Aber sie redet sich nicht heraus, erklärt mir, es handle sich um einen *Hirn*infarkt. Das ist ein Wort, das sich sperrt, mit dem ich nicht zurechtkomme: nach dem *Herz*infarkt.

Kein schwerer, erklärt sie, und es sei mit einer Dilatation abzuhelfen und einem Stent in der Carotis. Das war das Stichwort! Wieder spürte ich den unbarmherzigen Druck des Suchgeräts, hörte den Spezialisten heftig und unmutig atmen: Die Carotis! Sie ist schwer abzubilden! Die Carotis!

»Sehen Sie, sie sitzt hier«, sie greift sich an den Hals, unmittelbar unterm Kiefer, »hier!«

Der Eingriff, das Einsetzen des Stents in die Carotis – die Ärztin zeigt mir noch einmal den Ort, im Hals, gewissermaßen am Eingang zum Hirn, und ich versuche der Schlange in Gedanken nachzuwandern, auf einer mir unheimlichen Reise, von der Leiste, die hoffentlich den Operateur nicht mit einem neuen Pilz abstößt, quer durch den Leib, vorbei am Herzen, bis unmittelbar unter den Schädel, dort, wo es hart und undurchlässig wird.

Bei der spezifischen Untersuchung des Hirninfarkts oder, genauer, der Erkundung des Hirns lernte ich einen jener Dienstleistungsbetriebe kennen, ein phänomenal ausgerüstetes Fachlabor, durch das in einem ausgeklügelten System Patientenströme geleitet werden. Da ich der Kernspintomographie zugeteilt war, wurden mir ein dorthin führender Warteraum zugewiesen und Tabletten, die dem Kontrast der Aufnahmen dienen sollten, überreicht. Gehorsam schluckte ich sie und fragte mich, ob ich zu jeder Zeit bereit wäre, jede Tablette zu schlucken.

Für von Infarkten heimgesuchte Klaustrophobe muss die mit ihren Magneten lärmende Röhre eine Art Vorhölle sein. Meine Ohren werden gegen das arhythmische Knallen und Knattern verstöpselt, und ich bekomme einen Klingelknopf für alle Fälle in die Hand gedrückt, werde in die Röhre geschoben wie ein Brot in den Backofen. Ich liege regungslos und warte darauf, dass das Rohr enger wird und mich einschließt. Nachdem ich unbeschädigt, aber durchschaut herausgeholt wurde, folgt der zweite diagnostische Schnitt unter einem Kontrollgerät ausdrücklich für den Kopf, das Hirn. Die entstandenen Bilder – wozu fuhr ich in die Röhre? – werden mir im Nachhinein von dem Arzt erklärt, der mich mit Fotos und einem Gutachten entlässt. Auf den Fotos kann ich den Infarkt betrachten, eine wurmartige Maladie im gleichförmigen Muster: »In der rechten Hälfte«, sagt der Arzt. Ich bin Linkshänder, antworte ich verrutscht. Mein Gegenüber nickt. Ahnt er, kennt er die Folgen des Einschlags? Ich gehe unsicher, ängstige mich vor Treppen, und als ich mich das erste Mal nach dem Desaster an die Schreibmaschine setzte, traf ich die Tasten nicht, haute daneben. Nie mehr! Nie mehr! hämmerte ich, verbissen zielend, aufs Papier. Die Wörter verweigerten sich der Hand. Der über Jahrzehnte eingeübte Mechanismus war gestört. Ich konnte nicht mehr schreiben. Ich werde nicht mehr schreiben können. Zu alledem stellte Mechthild fest, dass meine Handschrift sich verändert hat, ich hätte doch vorher sehr leserlich geschrieben.

Ein Schulbeispiel

Mechthild bringt mich in die Neurologie. Wir verfahren uns. Die Klinik liegt für sich, ein Labor für Schlangenbändiger, für Herzspringer und Atemringer.

Hier beginnt die Novelle, treten zwei Prinzipienreiter auf, Vertreter älterer und jüngerer medizinischer Schulen, und nehmen mich, den Unschuldigen, zum Beispiel.

Der große realistische Erzähler Hermann Kurz schrieb die außerordentliche Geschichte von den ›beiden Tubus‹. Ich erzähle sie mir nach, seit ich sie kenne. Als Tubus wird ein Fernrohr bezeichnet, mit dem der Pfarrer von A…berg in die Gegend späht, seiner Neugier nachgibt, seine Langeweile auffüllt, bis er in der Ferne, einem entlegenen Winkel, zu seiner Verblüffung einen zweiten spähenden Tubus entdeckt, einen neugierigen Mann, offenkundig seinen Doppelgänger. »Bei näherer Untersuchung jedoch fand er, dass dieses ›zweite Gesicht‹, das ihm aufgestoßen, in Wirklichkeit ein zweites war, das heißt ein anderes.«

Dieses Mal gerate ich nicht in Not, wartet keine Intensivstation. Ich stelle mich der Therapie, weiß, in den Adern bröselt es, die ›zunehmende Verkalkung‹, und der Schlag, der mich traf, in der rechten Kopfhälfte, streifte mich wohl nur, er drohte sich aber zu wiederholen und mit Folgen, die nicht weitergedacht zu werden brauchen. Ende also. Schluss. Punkt. Neurologen können Angst einflößen, denn sie führen dem Patienten vor, wie die Anfälligkeit vom Herz in den Kopf wandert. Selbstverständlich hat mein Beruf nach üblicher Anschauung mit Herz und Kopf zu tun. Mir jedoch ist der Kopf wichtiger. Immerhin habe ich in ihn hineinsehen können, haben die Röhrenbeherrscher mir ein Bildchen von ihm gemacht, genauer gesagt: mehrere Bilder, und mir gezeigt, wie schräg die Einschläge in dieser grisseligen Struktur aussehen, wie bösartige Graffiti. Welcher Gedanke zeichnet sich auf diese Weise ab? Diese minimale Einschwärzung (die auch farbig wiedergegeben werden kann) sorgt dafür, dass meine Finger blöd und taub werden, ich nicht mehr die Tasten der

Schreibmaschine treffe? Diese Fehlfarbe setzt mich außer Betrieb? Wirft mich aus meinem Beruf?

Ich bin, bevor ich in einem Wartezimmer mein Bett bezog, noch einmal vorlesend unterwegs gewesen, habe noch einmal probiert, ob ich es nach dem Doppelschlag schaffe, folgte einer Einladung des Pianisten Christoph Soldan zu einem Schumann-Abend auf Schloss Eyb im Hohenlohischen, und wir statteten der Stuppacher Madonna einen Besuch ab, logierten im Hotel Victoria in Bad Mergentheim, in dem ich vor dreißig Jahren mein erstes und ›beinahe‹ einziges Theaterstück, den »Gilles«, schrieb. Schon war der heiße Sommer angebrochen, und dieser Abend, in den wir hineinfuhren, glühte noch, um die Hügel zog sich ein sprühender, leuchtender Rand und stimmte die Gegend festlich. Auf dem Schloss wurden in einem kühlen Raum Getränke und Brötchen angeboten. Mechthild warnte mich, nicht zu übertreiben, aber ich wollte die wiedergefundenen Kräfte prüfen. Der hohenlohische Riesling hat Qualitäten, er ist leicht, regt zu sprunghaften Gedanken an, befördert die Phantasie und die Wünsche. Als ich mich hinter dem Tisch niederließ, auf dem mein Buch über Schumann lag, fiel mich die Angst an, mir könnten die Wörter wieder zu Brei werden, doch ich konnte mich hören, sie fügten sich. Der Wein hatte sie gelenkig gemacht.

Ich habe die beiden Tubus nicht vergessen. Sie erwarten mich. Es findet sich noch keine Gelegenheit, dass sie ihre Geschichte vor mir ausbreiten. Immerhin bricht mit ihnen jetzt die Fiktion in diese von Realien bestimmte Prosa ein. Ich erfinde sie, wie sie mich gefunden und, ich nehme an, vergessen haben. Ich liege im Wartezimmer, gemeinsam mit einem älteren Herrn, wobei ich mich frage, wie ich als älterer Mann dazu komme, ältere Männer stets als ältere Männer einzuschätzen. Um mich zu stimulieren, halte ich mich an die Vorlage von Kurz, an seine Geschichte, in der die beiden Pfarrer mit Namenskürzeln bezeichnet werden: A...berg und Y...berg. Ich kürze noch weiter und nenne die beiden Professor A. und Professor Y., bin mir allerdings nicht sicher, für welche medizinische Partei ich sie handeln lasse, genieße den schöpferischen Moment des Erfindens, dieses Atemholen vorm Schicksalsschlag, und bitte Professor A., nachdem ich das Wartezimmer mit meinem Zimmer gewechselt habe, zur Visite zu kommen. Damit lege ich ihn fest. Er ist Neurologe, eine Erscheinung, ausgestanzt wie aus einem Bilderbogen, und ich bin mir sicher, dass er seinem Antipoden, Professor Y., dem Gefäßchirurgen, gleicht, dass ich sie verwechseln werde, zwei aus meinem Intensivstation-Traum. Ich kann sie auf Distanz bringen, die beiden Tubus, auf die für sie notwendige Distanz, ich weiß, was sie interessiert, was sie beobachten, was sie mit Verdruss sehen, zwei aus weißer Pappe ausgestanzte Helden.

Der ältere Patient wird vor mir aus dem Wartezimmer geholt. Ich schlafe wieder ein, wache in meinem Zimmer auf und werde von der jungen Stationsärztin zu Herrn Dr. M. geschickt, der im Parterre auf mich warte, mich auf den Eingriff vorzubereiten, ihn mit allen Einzelheiten erklären wolle. Der jüngere, etwas gedrungene, sich gelassen bewegende Mann kommt auf mich zu, im Gang vor seinem Zimmer, da bleiben wir und ziehen uns nicht zurück für die wichtige Besprechung. In einer Mappe bringt er die mir inzwischen bekannten Aufnahmen aus dem Kernspin mit. »Da!«, mit dem Finger fährt er zielkundig über die marmorierte Fläche, das in Mulm gebettete Geäder, »da, die Carotis! Sehen Sie, dort werde ich das Blutgefäß dilatieren, und ein Stück höher, diese Ader liegt über der rechten Braue, will ich es, wenn es gut geht, ebenfalls noch versuchen.«

Ich vertraue seiner Ruhe, seiner Sicherheit. Er steht neben mir auf dem Gang, in dem immer wieder Patienten, Schwestern, Ärzte vorbeikommen. Ich mag ihn, möchte noch mehr von ihm hören – er wird verschwinden.

In diesem Augenblick, da ich in Gedanken den langen Flur entlanghaste, das Gespräch mit Doktor M. wiederhole, die geschlossenen Türen mich zurückweisen, in diesem Augenblick beginnt Professor Y. seine Attacke auf Professor A. Die beiden Tubus nehmen die von mir gedachte Aktion auf. Professor Y., neu auf seinem Posten, triff sich mit einem Freund, der, wie er, Liebhaber alter Autos ist, vorzugsweise Cabriolets. Sie tauschen Fotos aus, Prospekte, und jubeln mitunter wie Kinder im Spiel. Der Oberarzt von Professor Y. gesellt sich dazu, ebenfalls ein Bewunderer antiker Automobile, doch ohne die finanziellen Möglichkeiten: »Ein Daimler wie ein Traum!« Wie können Träume solche Namen haben. Immerhin darf er die Träume träumen, die sein Chef sich verwirklicht. Er hat geschickte Hände, kann exzellent nähen, Drainagen legen. Wer weiß, wann er sich einen offenen Daimler leisten kann. Ich bin ihm noch nicht begegnet. Er wird mich, das ist seine Rolle, erst einmal übersehen.

Der verrutschte Kiefer beim Sprechen, die verwischte Artikulation, die partiellen Sehstörungen, die Schmerzen in der rechten Wade – dies allerdings ein Ärgernis, das inzwischen seinen Namen hat: Schaufensterkrankheit. Einer der Kardiologen in der Lauterbacher Mühle hat sie benannt. Mit diesem peinigenden Bein bleibe man auf Stadtspaziergängen regelmäßig vor einem Schaufenster stehen, um dem jeweiligen Begleiter nicht aufzufallen und den Schmerz versurren zu lassen.

Professor A. bleibt souverän. Ich ahne nichts von der Spannung, in die ich geriet, die Auseinandersetzung, die mich zum Thema werden lässt, ich ahne nichts von den beiden Tubus.

Man – damit meint er Dr. M. – wird den Eingriff, wie ich wisse, in einem Zug versuchen. Mit dem Katheter die Lage sondieren, die geschlossene Ader dilatieren und den Stent setzen.

Draußen und drinnen – ich brauche es. Er hält draußen, in makellosem Weiß, seine Reden, in unumstößlichen Formulierungen, und ich krümme mich, verkrieche mich unter der Schutzhaut meines Bewusstseins.

Die Hitze trocknet meine Lippen, treibt Schweiß aus meiner Haut. Fünf Liter Wasser soll ich trinken, mindestens. Womit ich einen nutzlosen Kreislauf beschleunige. Mechthild wechselt draussen ihren Standort, mal sitzt sie entfernt wie auf einer Bahnhofsbank, mal auf einem Stühlchen ganz nah. Ähnlich höre ich ihre Stimme, einmal entfernt, einmal näher. Ich krümme mich, die Schutzhaut wird undurchlässig. In Gedanken wiederhole ich Reisen. Nach dem Kalender müssten wir mit Rolf und Elisabeth auf dem Weg nach Florenz sein, zu den beiden Mädchen vom Podere del Leone: Ich fürchte mich vor der Durchfahrt durch Scandicci, bis zum Fuss des Hügels. Die grauen, provisorisch erscheinenden, durch Plakate aufgeregten Strassenzeilen, die mich vor einem Jahr abschreckten und mir jetzt vertraut scheinen. Auf einmal kann ich Italienisch verstehen. Nicht bloss das kindliche über die Schuhspitzen hinausreichende Buon giorno. Es ist so, als ob ich Klavier spielen könnte, unerwartet, und aus Übermut entschliesse ich mich für die f-Moll-Phantasie zu vier Händen von Schubert. Das Thema für die Komtesse, das mich über Monate verfolgte, ein behobener Schmerz, bis hierher. Wie viele Pianisten habe ich dieses Stück, nein, den ersten Satz, spielen gehört, und doch bleibt mir ein Gesang im Gedächtnis, wie einer selbstverloren das fragende Anfangsthema für sich anhob, ein Gesang mit unerhört kunstvollem Schluchzer, Peter Frankl in Kuhmo. Nein, ich kann nicht daran vorbeihören. Auf der Fahrt durch Scandicci – wir suchen den Weg zum Podere, die Straße in die Ölberge vorbei an einer Diskothek, die einer Pagode gleicht (und das in Scandicci!).

»Nun beginnen wir an der Carotis. Mein Kollege hat Ihnen den Stent gezeigt. Es sind genau genommen zwei notwendig, in einer Krümmung.« Professor A. wiederholt, was mir der Operateur bereits beschrieben. Er wiederholt es mit anderer Betonung und in anderer Bedeutung.

Die Carotis!

Der Zielpunkt aller Gedanken.

Warum heißt sie so?

Ich bekomme keine Antwort. Eine unerklärte Carotis kann der Mittelpunkt einer Erzählung sein. Noch steht mir die Reise in die andere Abteilung bevor. Die Abenteuerfahrt zu Professor Y.

Professor A. überlässt mich, der ich unter meiner Schutzhaut liege, meiner Angst und meiner Phantasie.

Ich habe die beiden Tubus aus dem Blick verloren, ihre Hochsitze verschwinden hinter hohen schrägen Mauern am Ende sich zuspitzender Flure, in einer sich in abweisender Form wiederholenden Architektur. Diese surrealistischen Phänomene haben vermutlich mit dem Schlag in der rechten Hirnhälfte zu tun. Mein topographischer Sinn ist durcheinandergeraten. Das begann, wie als Vorwarnung, auf der Fahrt zur Neurologischen Klinik. Sie befindet sich nicht auf dem Campus, dem dorfgroßen Klinikgelände, sondern abseits in einem Waldstück. Mechthild fuhr unsicher und suchend. Zweimal wählte sie Straßen, die als Sackgassen in den Wald geschnitten waren. Mit den zu schnellen Wechseln geriet mein Ortsgedächtnis durcheinander. Wir begannen uns zu streiten an der Abbiegung, triumphierten über die vermeintlich falsche Ansicht des andern, bis mir klar wurde, dass ich nicht helfen konnte. Eine Fähigkeit, auf die ich stets gesetzt hatte, löste sich auf und verließ mich. Alles, was ich für durchschaubar hielt, wurde zum Vexierbild. Das nahm in der Klinik zu. Ich sah mich außerstande, mein Zimmer einzuordnen. Es hatte sogar die unangenehme Eigenschaft zu wandern, sich zu bewegen und damit die Ordnung in Frage zu stellen. Ich kam mir wie ein Kind vor, das sich mutwillig allzu lang um seine eigene Achse gedreht hatte, schwindelt, hinstürzt und nicht mehr weiß, an wen es sich wenden soll.

Die Abwesenheit der Chefs, der beiden Tubus auf ihren unsichtbar gewordenen Hochsitzen, hilft mir, sie zu einem fiktiven Treffen zu rufen und mich zum Gegenstand ihrer Debatten werden zu lassen.

»Diese quasi invasive Technik, mein Lieber, die Angiographie«, könnte ich mit Professor A. beginnen. Beide sind auffallend hastig über den Parkplatz zu ihren Wagen gelaufen.

Professor A. kennt die Vorliebe von Professor Y. für schnelle Wagen. »Nur weil Sie, mein Lieber, den Kürzeren davon ziehen, hat der Patient zu wählen zwischen blutig und unblutig.«

»Wir werden sehen«, antwortet Y. und verschluckt »mein Lieber«: »Ich rate Ihnen, ohne allzu große Kenntnis oder mit angelesenem Wissen derartig grundsätzliche Wortwechsel zu meiden.«

Aber die Ortlosigkeit dieser Handlung setzt mir schon wieder so heftig zu, dass ich Fiktion nicht von Fiktion trennen kann. Dass ich Wirklichkeit erfinde, oder die Wirklichkeit mich. Mein Bewusstsein gerät in lauter Zwangslagen. Ich muss mich entscheiden. Ich sollte mich entscheiden. Jede Entscheidung führt zur nächsten. Ich springe von einer Situation in die andere.

Doktor M., mein freundlicher Operateur, stellt mich der Anästhesistin vor. Sie zeigt mir den

Schlauch, den ich im Schlund nicht spüren werde, der mich nicht belästigen wird. – Alles, was auf mich zukommt, wird abgedämpft, meine Ängste liegen unaufgerufen auf der Lauer, eine Meute, die meine Brust auffüllt. Ich bitte Sie, die Dame führt mir den Schlauch vor. Er ringelt und reckt sich in ihrer Hand wie eine Schlange, und mein Schlund probiert vorsorglich aus, sie zu schlucken, macht sich rund. Das bitte nicht, flehe ich mit ausgehöhlter Stimme, und ich weiß, dass sie den Schlauch benützen werden, schließlich werde ich ohne Bewusstsein sein, sie wird das Ding in mich hineintreiben, den Schlund hinunter, und sie werden den Katheter durch mich hindurchführen, ich hoffe mit einer geschickten Hand bis hoch hinauf zur Carotis. Dieses Mal werde ich nicht zusehen können wie bei den Kardiologen, ich werde schlafen, und was sie mit mir anstellen, kann ich nicht nachprüfen.

Immer wenn es ernst wird, fängt das Bett an zu rollen. Eine Schwester, ein Pfleger schieben mich zum Zimmer hinaus über Gänge, die ich mir nicht merken kann, die stets gleich fremd bleiben werden. Wir fahren mit dem Lift, und die Reise endet auf dem Warteplatz vor dem Operationssaal. Ich werde aufgefordert, das Bett zu verlassen, werde auf den Operationstisch gestoßen und gewälzt. Unlängst, im Traum, bin ich mit einem Pfleger über die Waldschneise zur Klinik gerast, offenbar war das Bett motorisiert, denn der Mann stand hinter mir auf einem Trittbrett wie ehemals ein Kutscher, labte sich an meiner Angst, steuerte von einer Straßenseite auf die andere und befahl mir, Zeichen zu geben, an einem Hebel zu ziehen, mit dessen Hilfe ein Winker, wie bei einem alten VW, aus der Bettumrandung sprang, links, rechts. Wir erreichten die Klinik, eine abschüssige Einfahrt zur Tiefgarage, die wir hinunterrasten, ich streckte mich, wollte mich gegen die Wand stemmen, gegen die wir aller Voraussicht nach prallen würden. Im Morgenlicht schlug ich auf und fand mich im Zimmer wieder.

Jetzt wird es ernst!

Ein Satz wie eine Fanfare. Viele dieser Sätze habe ich inzwischen gehört, sie haben mich geweckt, aufgefordert, vorbereitet, begleitet, getröstet. Sind *wir* fertig? Die Krankheit vervielfältigt mich. Ich liege neben mir. Nein, ich halte es allein aus, mumifiziert in meinem Bewusstsein, drinnen. Draußen werden Sätze gestanzt und gestapelt. Ich krümme mich. Nicht weil sie mich verletzen, beleidigen – weil ich unerreichbar bin, drinnen.

Mir fehlt die Chronologie, mir fehlt der Ablauf. Bagatellen stören meine Erinnerung. Einbrüche von Müdigkeit nehmen mir den Überblick. Anstatt auszuruhen in meinem Zimmer, irre und haste ich auf den Gängen umher. Ich versuche mich einzufädeln. Doch schon fällt mein Gedächtnis aus, ich erinnere mich nicht mehr, wie und wann ich geholt wurde.

Ich bringe Professor A. noch einmal mit Doktor M. zusammen. Es kann sein, sage ich mir, ihr Gespräch ist so verlaufen: Sie standen unmittelbar vor der Theke im Parterre, dort wo die Patienten auf die Kernspin-Untersuchung warten.

»Haben Sie ihm den Vorgang erklärt?«

»Selbstverständlich. Wie immer. Auch den Revers unterschreiben lassen. Er ist sich über die Gefährdung durch den Eingriff im Klaren.«

»Na ja, mein Lieber, wir machen uns unnötig Sorgen, bei Ihrer Erfahrung und Routine.«

Doktor M. klopft mit gekrümmtem Finger auf die hölzerne Theke.

Professor A. stimmt ihm zu. »Aber«, setzt er fort, »aber wir wollen den Vorwürfen nicht die Gelegenheit zu einem Triumph geben. Sie wissen, wenn etwas schief geht, eine Ader bricht, ein Aneurysma künstlich auftritt, sind wir auf die Hilfe der Gefäßchirurgen angewiesen.«

Reden sie so? Werden sie so reden?

Auf der Reise mit dem Bett in den OP begegne ich meinem Operateur, unser Treffen scheint ihn verlegen zu stimmen; ich hätte ihn fragen sollen, weshalb ich im Gegensatz zur Angiographie in der Herzklinik jetzt eine Narkose bekomme. Die Antwort habe ich mittlerweile nicht von ihm: Die Schwierigkeit, den Draht durch den ganzen Leib zu führen, verlangt, dass der Patient absolut ruhig liegt.

Ich brauche auf dieser Angstpartie Gesellschaft, stelle mir vor, in einem Konvoi unterwegs zu sein, vor mir mein Heidenheimer Freund Erwin Roth auf seiner rollenden Pritsche, lärmend und winkend, als kehrten wir von einer erfolgreichen Tour zurück – nur gibt es kein Spalier, winkt uns niemand zu, die glatten abwaschbaren Wände des Flurs antworten meiner Stimmung, ich wage es auch nicht, wie Erwin zu lärmen. Wir beide »vertreten« unsere Mediziner, ihren Ehrgeiz und ihre Einkünfte, als ›Stent‹ und als ›Bypass‹.

Meine Begleiter schieben mich über die Grenze. Wahrscheinlich sind mir die Papiere vorausgeeilt. Die Befunde. Ich entspanne und treibe mir mit witzigen Bemerkungen die Angst aus. Die Anästhesie sei ganz und gar ungefährlich, beteuert eine Frauenstimme. Wie viel ist auf diesem Gelände, in dem wir uns selber zur Gefahr werden, gefährlich? Es geht sehr rasch, sagt die Stimme im Voraus. Der Sprung aus dem Bewusstsein in die Bewusstlosigkeit dauert einen Atemzug.

Ich weiß nicht, was sie mit mir angestellt haben. Aber ich weiß, was mit mir geschehen wird. Der freundliche Arzt wird einen Katheter einführen, sich mit ihm in mich einschleichen, bis er die Carotis erreicht, die Hauptschlagader in der Halsbeuge, und wird dort einen beschichteten Stent setzen, damit der Blutstrom nicht mehr gestaut und aufgehalten wird. Ich bin längst draußen, sage ich mir, wenn ich imstande bin, mir meine Lage zu erklären – und drinnen komme ich zu mir, gekrümmt, mit angezogenem Knie, die Schläuche, die zum Arm, zum Mund führen, ordentlich sortiert. Ich kann wieder sprachlos sein, meinen Gedanken nachgehen, nachhuschen. Sie verwandeln sich in kleine Bilder, Schnitte, Schnittmusterbogen.

Ich traue dem Versprechen nicht. Warum bin ich so misstrauisch? Ich spüre, wie unsicher sie sind, wie sie warten.

Den Tag darauf darf ich umhergehen, komme in mein Zimmer, so wie ich es mir gewünscht habe, hoffe zu arbeiten, ein paar Gedichte wünsche ich mir, Einfälle zu haben, aber die Erschöpfung, die nach den Infarkten blieb, die mir wie eingepflanzt scheint, lässt nicht nach, weicht Sätze auf, verfolgt mich bis ins Lesen, macht Bücher in der Hand schwer. Das geht nun so ein Jahr lang, bis heute, bis zu diesem Abend, bis zu dieser Zeile mit der Schreibmaschine, an die ich mich nicht wie sonst selbstverständlich setze, sondern nach einer längeren Überredung, nachdem ich der Angst nachgegeben habe, ins Schweigen einzugehen.

Ich werde hinunter in die Tomographie bestellt. Inzwischen ist ein Tag vergangen. Ich schreibe diesen Satz, als hätte ich Zeit erfahren. Hier vergeht sie mir nicht. Ich entgehe ihr. Mein Zeitgefühl ist erbärmlich. Ich falle durch die Stunden. Jetzt, schon wieder jetzt. In meinem Bewusstsein sammeln sich Reste, Fragmente. Das Hirn arbeitet gleichsam ohne meinen Impuls. Ich kann nicht mehr nach meinem Muster denken.

Erzähle ich zurück, ist mir klar, dass die Tubus ihr Spiel aufnahmen. Professor Y. wartete, wie sein Kollege A., gespannt auf den Ausgang, den Erfolg: ob der Stent, wie erwartet, geschickt an der heikel entfernten Stelle der Carotis gesetzt wurde. Y. hat dafür gesorgt, dass sich ein Späher unauffällig in dem stets vorhandenen Gewimmel rund um die Tomographie aufhielt. Ich werde nicht gefahren. Ich melde mich als Fußgänger und scheuche eine Gruppe junger Ärzte auf, die offenbar mit den technischen Geräten spielen, vor denen sie sitzen, stehen, zusammenhocken. Ich unterbreche ihre Konzentration. Dennoch werde ich höflich auf die Liege gebeten, und einer der jungen Herren hilft mir sogar dabei. Wieder eine Einfahrt in die spähende Röhre und, nachdem ich las, dass über die gefährlichen Strahlen unter Fachleuten gestritten wird, frage ich mich, ob diese Röhrenbesuche nicht leichtfertig verordnet werden. Ich lehne das Angebot, die Ohren zu schützen, ab. An das Krächeln und das Krachen habe ich mich gewöhnt. Ich werde aus der Röhre gezogen und liege gelassen, wie ein Stück Fleisch zum Abkühlen. Sie sparen mich aus, versammeln sich vor einem Bildschirm, debattieren, telefonieren abwechselnd. Sie teilen mit, was sie gesehen, erkundet haben. Nur mir nicht. Müdigkeit und Gleichgültigkeit verbünden sich. Ich dämmere weg, nehme drinnen wahr, wie die Ärzte sich draußen bewegen, wie sie sich unterhalten. Wieder falle ich durch die Zeit. Mein Operateur erscheint nicht.

Kommt nun der Doktor?, frage ich in die unruhige Runde. Einer von ihnen lügt beherzt:

»Er wird Sie auf dem Zimmer besuchen.« Dorthin bringen sie mich. Den ganzen Vormittag habe ich vor der Röhre verbracht, fast immer abwesend. Unterwegs im Haus, auf den Gängen, im Aufzug, unsicher zu Fuß, etwas schwankend wie ein Betrunkener, Entgegenkommenden ängstlich ausweichend, fängt eine Stimme in meinem Kopf an zu reden, versetzt mich wieder einmal in Erstaunen, dass ich mir Verse merken kann, redet: »Bald wird die Grundharmonika verhallen/Die Seele schläft mir ein,/Bald wird der Wind aus seiner Höhe fallen,/Die Tiefe nicht mehr sein.« Es ist die letzte Strophe von Oskar Loerkes »Pansmusik«. Ich könnte singen, mit einer Stimme, die Röhren sprengt, mächtig und wunderbar: »Heut fährt der Gott der Welt auf einem Floße,/Er sitzt auf Schilf und Rohr,/Und spielt die sanfte abendliche große,/Und spielt die Welt sich vor.«

Es ist hell, die Klinik funktioniert rundum mit all ihren Geräuschen, den Kontrollbesuchen der Schwestern, den geschwätzigen Einbrüchen der Putzfrauen. Professor A. erscheint zu einer kurzen Visite, wirft einen Blick unter die Decke und erwägt, mich zu entlassen. Er nimmt, ganz sicher, das Hämatom nicht wahr, auf das Mechthild ihn dringlich aufmerksam macht. Merkst du nicht, fragt sie mich danach, dass du den ganzen Tag verschläfst?

Wie soll ich es merken, wenn ich schlafe. Ich bin unsinnig stolz auf meine Schlagfertigkeit.

Die sehr junge Stationsärztin erkundigt sich regelmäßig nach meinem Befinden. Sie verhält sich eigentümlich verschlossen, abweisend, so, als hätte ich sie irgendwann, als ich nicht bei mir war, verletzt. Vielleicht kann sie es nicht ausstehen, dass ich ihre Zurückhaltung aufzubrechen versuche. Wie jetzt, als sie den Beutel mit Blutplasma an den Tropf hängt und ich erschrocken frage, was mir nun zugemutet werde. Es sei Blutplasma, das ich brauche, erklärt sie. Ich falle ihr ins Wort, überzogen locker: Also Aids möchte ich mir hier nicht holen. Sie geht, ich schaue ihr beschämt nach. Warum, frage ich mich heute, habe ich damals nicht gefragt, weshalb das Blut aufgefrischt werden müsse?

Die junge Ärztin weist ihren Chef auf meinen bedrohlichen Zustand hin. Der Tubu hält wieder Ausschau nach dem andern Tubu. Er wird beobachtet, stellt er, beobachtend, fest.

Dieses Mal, erfahre ich, braucht es den Krankenwagen. Die Fahrt führt weg von der Neurologie, ins Zentrum, auf den Campus. Wieso, erfahre ich nicht. Eine weitere Untersuchung.

Sie halten mich dumm und dumpf. Ich ärgere mich, als mir auf dem Weg durch die Klinik schon wieder die Augen zufallen. Meine beiden Begleiter verabreden sich für den Nachmittag. Ich bin offenbar ihr letzter Auftrag. Wir kommen nach einer Fahrt, die mir den Rücken massierte, mit Karacho in einer Tiefgarage an. Einer der Männer legt mir ›die Akte‹ auf die Brust, den Laufzettel, auf dem alles steht, was ich nicht weiß. Sie laden mich auf eine andere Liege. Sie ist etwas höher, und ich muss mich, von ihnen angefeuert, gleichsam im Sprung wälzen.

Der Fall

Ich liege in der Mitte eines riesigen Saales, eines offenbar nicht gebrauchten Operationssaales, der zu einem Wartezimmer umfunktioniert wurde. Es könnte sein, dass ich, derart positioniert, die Aufmerksamkeit der beiden Tubus gefunden habe. Der eine hat mich dem andern überlassen. Ich liege auf dem Rücken, schon wieder dem Schlaf nah, warte. Beide Tubus wünschen, dass sich die Angelegenheit verzögere. Professor A. ist es ausgesprochen peinlich, dem Kollegen Y. die Reparatur zu überlassen. Der wiederum zögert, seinen Triumph auszukosten. Aber wie sich herausstellen wird, beschäftige ich ihn schon gar nicht mehr. Er fährt mit seinem Cabriolet durch Sachsenhausen, denn er ist neu am Ort, vor einigen Wochen erst umgezogen, und wohnt in der Nachbarschaft der Klinik.

Auf meiner Liege werde ich zur Verkehrsinsel. Ständig eilen Schwestern, Pfleger, Ärzte an mir vorüber, weichen aus, als gebe es dieses Hindernis schon einige Tage. Ich starre zur Decke, schrumpfe vor Müdigkeit, entferne mich aus dem Trubel und werde wahrscheinlich darum nicht angesprochen. Zu meiner Rechten tröstet ein junger Arzt mit Assyrerkopf jemanden, dem eine Maschine offenbar die Hand abgerissen hat. Er bereitet ihn auf die Operation vor. Ich lausche diesen Vorbereitungen nicht ohne Spannung und Anteilnahme. Jeder Schmerzensruf erreicht mich ohnehin unmittelbar. Die Wanduhr, weiß und rund, mit der Zeit schonend umgehend, zeigt, dass inzwischen drei Stunden verstrichen sind. Verstrichen ist der treffende Ausdruck. Verstrichen, gestrichen. Wieder hat mich die Zeit fallen lassen. Ich beginne, nach den Vorübereilenden zu haschen, sie zu rufen: Hallo, Herr Doktor! Hallo, Schwester! – sie hören mich nicht. Sie strafen mich. Ein zweifacher Infarkt, in Herz und Hirn, und ein paar Wochen in der Klinik sorgten dafür, dass ich verkümmerte. Hallo? Ich bitte Sie! Wie einer, der an der Autobahn steht und mitgenommen werden möchte, halte ich die Mappe auf meiner Brust, womöglich ist da abzulesen, wohin ich soll, wohin ich will. Bitte, Frau Doktor. Der Assyrer bringt seinen Patienten vorbei, ohne mich zu bemerken. Bitte, Herr Doktor.

Die Assistenzärztin hat Mut gefasst, den alles wissenden Professor A. angesprochen, ihn gedrängt, den Fall abzugeben. Nicht ohne Ironie hat er sie aufgefordert, dafür zu sorgen, dass die Sache läuft, also ab mit ihm zu den Gefäßchirurgen, wobei er es vermied, den andern Tubu beim Namen zu nennen.

Ich muss aufs Klo, kann niemanden fragen, ob es mir gestattet ist, die Liege zu verlassen, von ihr herunterzurutschen, mit den Zehenspitzen den kühlen, glatt gewichsten Klinikboden zu ertasten. Aufstehen, Atem holen. Vor dem OP dehnt sich eine riesige Lobby bis hin zum Haupteingang, rundherum Türen und Nischen, kleine Wartereale mit eingepflanzten Sitzen und einer Schwester in der Beratungsloge. Voller Erstaunen setze ich das neue und ungewohnte Bild zusammen. Ich bin vergessen worden. Ich frage eine Schwester, wo die Toiletten zu finden seien. Sie zeigt unerbittlich tief in den Raum: Direkt neben dem Eingang, da vorn. Erst später entdecke ich unmittelbar neben der Stelle, wo ich stand und fragte, weitere Toiletten. In welchem Auftrag hat sie mich in die Irre gewiesen? frage ich mich und ärgere mich über den Anfall von Paranoia. Bestimmt, die beiden Tubus wollen mich aus der Vogelperspektive mustern, möchten an ihrer Allmacht das Maß meiner Hilflosigkeit prüfen.

Ich gehe aufs Klo. Auf dem Rückweg verirre ich mich. Mit wachsender Verzweiflung und Atemlosigkeit suche ich ›meinen Saal‹. Es gibt ihn nicht mehr. Die Not macht mich mutig. Ich reiße Türen auf, werde zurechtgewiesen. Jede und jeder schickt mich weg, ich reagiere kleinlaut. Klein und laut. Die beiden Tubus, hoffe ich, sollen aufmerksam werden, wenigstens einen ihrer Handlanger ausschicken. Ich vergrößere hingegen mit meiner Aufregung diesen Irrgarten, lasse die Türen geschlossen, wende mich nicht an Schwestern, Ärzte, Patienten, weiche ihnen aus, habe aber auch den Eindruck, dass sie mir aus dem Weg gehen, meine Nähe meiden. Ich rede mit mir selber: Bitte, lass mich meinen Saal finden, meine Pritsche, ich habe meine Papiere dort gelassen, ich bin ohne Ausweis, bitte, hilf mir. Wen rede ich an? Muss ich, Selbstgespräche führend, nicht ziemlich desaströs auf meine Umgebung wirken? Wahrscheinlich werde ich bald eingefangen, dann habe ich erreicht, was ich wollte. Niemand jedoch hält mich auf, erkundigt sich, auf wen ich warte, was ich hier suche.

Ich setze mich auf einen der Stühle im Wartebereich und entdecke in einer Art Loge eine ältere Frau, sicher eine Sprechstundenhilfe oder eine Informationsdame. Bitte! werfe ich mir den

Zweisilber voraus, bitte! Sie könnte mich gleich zurückweisen. Bitte! wiederhole ich mich vor dem Desk. Sie mustert mich misstrauisch: »Die Sprechstunde ist schon geschlossen, müssen Sie wissen.« Jaja. Ich brauche Ihre Hilfe. Sie nickt zu meiner Überraschung, abwartend oder abweisend. Ich bin mir nicht sicher. Ich suche meinen Operationssaal, ergänze ich. Ich weiß, das ist ein merkwürdiger Satz, aber die beiden Tubus haben es so weit kommen lassen. »Ihren Operationssaal?«, fragt sie. »Sind Sie denn schon operiert worden?« Die Dame spielt mit, wie es sich gehört.

Nein, ich lag in einem Saal. Ich bin hergebracht worden und wartete. Niemand kümmerte sich um mich.

»Das kann ich mir überhaupt nicht vorstellen. Wo war denn dieser Saal?«, fragt sie mich wie ein verirrtes Kind. Ich reagiere auch so: Fuchtle suchend in der Luft, drehe mich um meine Achse, gucke und stelle kleinlaut, klein und laut, fest, dass ich ihn nirgendwo finden kann. Ich musste auf die Toilette – womit ich den Verlust der Orientierung nur unzulänglich oder nicht erkläre. »Hier wäre eine«, sie zeigt auf eine Tür in der Nähe. Ich weiß, sage ich, aber ich musste zu der am Eingang.

»Wer hat Sie dorthin gebracht?«

Nicht hingebracht, nicht hergeschickt. Das Fragespiel höhlt mein Bewusstsein aus, und die Sätze beginnen zu scheppern. Es könnte sein, dass ich gleich umfalle.

»Wie heißt der behandelnde Arzt?«

Ich weiß es nicht.

Die beiden Tubus haben sich abstrahiert.

»Ach«, die Dame seufzt dem Verlust nach und erkundigt sich schließlich nach meinem Namen. »Und wie heißen Sie?«

Härtling mit ä, sage ich, mit der Sturheit des Computers rechnend.

Sie tippt den Namen ein: »Da sind Sie!«

Da bin ich. Sie schaut nicht mich an, sie schaut auf den Bildschirm. Dort bin ich, in eine andere Wirklichkeit getreten.

»Sie kommen ja aus der Neurologie.«

Ja! Ich stimme ihr zu und rufe mich zur Ordnung: Das hätte ich vorher schon sagen müssen.

Aber sie beruhigt mich: »Na ja, jetzt haben wir Sie mal gefunden.«

Es gibt mich. Mir wird übel, und ich setze mich. Die Dame verspricht mir, gleich den Ärzten Bescheid zu sagen. Sie haben keinen Namen.

Schon taucht er auf, der hurtige Assyrer. Er fängt meine Wut, meine Verzweiflung ab. »Warum haben Sie sich im OP nicht gerührt, gemeldet?«

Es gelingt ihm, mit einer einzigen Geste die Umgebung zu ordnen, der OP findet sich ohne Aufregung wieder, die Mappe auf der Liege. Es soll alles wieder anfangen. Der Assyrer blättert en passant in dem Faszikel und wird mit einem Mal schneller. »Augenblick. Bleiben Sie stehen und verschwinden Sie mir auf keinen Fall. Ich muss telefonieren.« Er entfernt sich mit seinem Handy um ein paar Schritte und lässt mich dennoch nicht aus den Augen. Der Chef ist unterwegs, erfahre ich, als hätte ich mich nach dem einen Tubu erkundigt. Immerhin hat mich seine rechte Hand in Gewahrsam genommen.

»Wir müssen gleich operieren. Sofort! Sehen Sie, da kommt die Kollegin schon, die Anästhesistin.« Ich begrüße die zierliche, grauhaarige Person, indem ich sie mir mit einer einzigen Bitte vom Leibe halte: Geht es ohne Schlauch?

Sie führt ihn zu meinem Schrecken mit sich.

»Haben Sie Ärger gehabt?«

Das letzte Mal. Lieber Himmel, geht es durch meinen Kopf.

»Wann ist es das letzte Mal gewesen?«

Vorgestern, gebe ich mir und ihr die Antwort.

»Als der Stent in die Carotis gesetzt wurde«, stellt der Assyrer fest. »Alles recht knapp hintereinander.«

Sie nehmen mich in ihre Mitte, halten mich an

den Armen und stützen mich. Mir scheint, sie haben einen Lift gewählt, der extra eng ist. Wir stehen zusammengerückt, die Anästhesistin zieht immer von neuem den Schlauch zwischen uns hoch. Kein Ort, kein Platz scheint mehr zu stimmen. Das Zimmer oder die Zelle, in der sie mich auf den Eingriff vorbereiten, drückt uns zusammen. Jeder muss sich mit dem andern bewegen. Sie messen meinen Blutdruck. Ich bekomme eine Spritze. Wieder eines dieser weißen Hemdchen, das den Hintern frei lässt. Ich erfahre nicht, was mit mir geschehen wird. Der Assyrer telefoniert weiter mit seinem Chef, der, wenn ich nicht falsch höre, in seinem Cabriolet durch Sachsenhausen fährt und sich von seinem Oberarzt einen Delikatessenladen empfehlen lässt. Niemand wird mir das glauben wollen. Die beiden Tubus sind Fiktion. Einer von ihnen hat sich, von dem Assyrer gerufen, auf den Weg gemacht, mich zu operieren, eine Drainage zu legen, über die das Blut abfließt, und die gerissene Ader zu nähen. Das habe ich erst im Nachhinein erfahren. Wir haben uns in zwei Gegenden bewegt, drinnen und draußen. Die draußen agierten, machten ihre Späße und waren bereit, mir zu helfen. Ich drinnen merkte, wie das, was ich erfuhr, in mir abrutschte wie Schutt. Ich befand mich am Rand und begriff – ja: begriff! –, dass ich schon viel vom Leben verlernt hatte und in die große Gleichgültigkeit einsank.

Den einen der beiden Tubus, Professor Y., der mich operiert, habe ich erst ein paar Tage später kennen gelernt.

Ich erwache und finde mich nicht zurecht. Offenbar bin ich nach dem Eingriff in die Intensivstation gebracht worden. Dort lag in meiner Nähe, um mich zu verwirren, ein Mädchen aus dem Osten, das einen endlosen Monolog hielt und einen infernalischen Gestank verbreitete. Es wurde, in wessen Auftrag auch immer, gezwungen, das gefährliche Schmuggelgut, das sie in ihrem Leib mit sich führte, abzugeben.

Mechthild fand mich, nachdem sie sich durchgefragt hatte, wieder.

Die irren Eindrücke nahmen zu. Ich wurde auf die Station gefahren. Neben mir hüpfte ein bis zum Knie in einem weißen Ball steckender Mann auf seinem Bett, angefeuert von seiner Frau. Ich hörte, wie die Dame dem Kugelmann aus der Bibel vorlas, mit Ausdruck, wenn ich mich nicht täuschte: Johannes, die Apokalypse. Er habe, das erfuhr ich von einer Schwester, einen Motorradunfall erlitten. Da er sich ständig bewegte, verfolgte ich ihn, war ich mit ihm unterwegs, und dies in einer widersprüchlichen Situation: Ich hatte mich nach drinnen zurückgezogen, unter die schützende Bewusstseinshaut, und das Draußen glich in seiner Absonderlichkeit dem Drinnen. Meine gereizte Phantasie nahm das Draußen herein und auf: Ich sah die Zeilen von Gedichten, die ich schreiben wollte, wie brüchige Zäune in einer sich unaufhörlich verändernden Landschaft, einer Ebene, die sich in großen Platten zusammenschob. Ich krümmte mich, und gegen Abend fragte ich wieder, wo ich mich befand. Verlief die Reparatur erfolgreich? Haben die beiden Tubus sich verständigt?

Sie begegnen sich auf dem Parkplatz vorm Klinikum.

Beide legen Wert auf gravitätische Gesten. Auf das ›Nun ja‹, mit dem sich jede Bosheit einleiten lässt.

»Nun ja«, so höre ich A., »die Sache ist aus der Welt.«

»Nun ja«, repliziert Y., »der Stent wird dem Patienten das Leben etwas verlängern.«

Der Mann springt auf dem Ball umher, rudert in der Luft, seine Frau feuert ihn an: »Du kannst es.« Wie heißt er? möchte ich wissen. Du kannst es! Er hüpft gleich bis an die Decke, und ich weiß nicht, ob er Applaus erwartet. Dann wird er von der Schwester zur Untersuchung gerufen. Im Schwung entfernt er sich, im Sprung, die

Frau folgt ihm in seinem Sog. Das gibt Mechthild die Gelegenheit, mich zu tadeln: Du hast deinen Schrank neben dem seinen.

Ich weiß.

Rechts neben dem seinen.

Ich weiß.

Weshalb holst du dir immer wieder Unterwäsche von dort?

Ich weiß es nicht.

Und seinen Rasierapparat benützt du auch. Im Bad bringst du alles durcheinander.

Ich weiß, beteure ich.

Ich habe überhaupt keine Ahnung.

Mein assyrischer Retter verspricht mir einen besseren Herbst als den letzten, von dem er keine Ahnung hat, und ein Ende der Plagen. Er hat vor, mich von der Drainage und dem Katheter zu befreien, kniet, ohne dass ich mich auf die Attacke einstellen kann, neben dem Bett und formuliert die gemeinsame Verhaltensregel: »Ich zähle bis drei, und gleich danach schreien Sie.« Eins, zwei, drei, zählt er, und ich schreie, ohne mich zu hören.

Ich kann auf dem Gang auf und ab gehen. Mein Operateur ist bisher noch nicht erschienen.

Der hier herrschende Tubus hat mich nur einmal mit einer Visite gewürdigt. Ungeachtet dessen versteht er, sich fabelhaft zu verabschieden, einen Schlusspunkt zu setzen, ohne den andern, Professor A., noch zu beanspruchen, ihn freilich meisterhaft zu desavouieren. Zufällig treffen wir uns auf dem Gang vor den Krankenzimmern. Er erkundigt sich, ob die Wunde an der Leiste noch schmerze. Ein alter Mann, Patient auf der Station, trippelt an uns vorüber. »Da!«, flüstert Professor Y. elektrisiert und zeigt auf den Hals des Mannes. Da ist in der Nähe, auf der Höhe der Carotis ein Verbändchen in Gestalt einer Schleife und ein Pflaster zu sehen. Professor Y. packt mich am Arm: »Hätten Sie sich mir anvertraut, Sie wären mit diesem einen Schnitt davongekommen und nicht beinahe verblutet. Adieu.«

Ich atme durch und beginne zu leben. Das verflixte rechte Bein schmerzt, die Wade, nach dreihundert Metern: die Schaufensterkrankheit (in der Stadt leichter auszuhalten, da man, derart geplagt, nach zweihundert Metern vorm nächsten Schaufenster anhalten kann).

Du könntest dir doch noch einen Stent setzen lassen. Ein Ratschlag, der mir Angst macht. Noch einmal eine gerissene Ader.

Wochen nachdem ich das Krankenhaus verlassen habe, melde ich mich bei den Kardiologen zur Nachuntersuchung.

»Haben Sie Angst?«, fragt Doktor H. mitwisserisch, als ich schon auf dem Operationstisch unter den Monitoren liege. Ich nicke. Er beruhigt mich. »Nein, die müssen Sie nicht haben. Der Katheter, der zum Herzen geführt wird, ist ungleich weniger stark als der, mit dem man zur Carotis gelangt. Da kann es leicht passieren, dass die Ader reißt.« Ich sehe der Schlange zu, spüre ihre Wärme. Das Kontrastmittel spuckt schwarze Wolken in meinem Leib.

Die beiden Stents sitzen.

Und wie lange? frage ich. Worauf er in meinem Tonfall antwortet: »Fragen Sie mich nicht.«

Dritte Passage

Es beginnt die geschenkte Zeit. Ich müsste von nun an allen Warnungen der Ärzte, der Freunde, der Kinder entfliehen. Bloß kann ich nicht rennen. Mein Handicap sind die Schritte bis zur Schmerzgrenze.

Mir fällt ein, damals oder jetzt, draußen oder drinnen, wie 1978 auf der Frankfurter Buchmesse bekannt wurde und einer nach dem andern erschrak, erstarrte, dass sich Jean Amery in Salzburg das Leben genommen hatte. Ich bekam einen Moment lang keinen Atem mehr. In den drei Tagen an Mutters Totenbett habe ich diesen Schrecken vorausgenommen: In Gedanken nicht mehr hier zu sein, mit dem, der sich abwendet und verloren gibt. Wie weit bin ich jetzt?

Bereits in den ersten Tagen ohne Tubus wird mir klar, dass ich mit meinen Ängsten sorgsam umgehen muss, sie nehmen mich in Beschlag, lähmen mich in meinen Aufbrüchen, wenn der Atem dick wird, in der Brust schmerzt, wenn ich eine Treppe, zum Beispiel von einem Podium, hinuntergehe und das Gleichgewicht verliere, wenn nachts der Puls bis zum Hals klettert, bis zur Carotis. Alle diese Ängste haben, sobald sie durchschaut und bewältigt sind, etwas von einer Droge – vermutlich wirkt das überschüssige Adrenalin –, und eine wunderbar weiche Gleichgültigkeit tritt an ihre Stelle, ein Zustand, mit dem ich enden möchte. Aufhören.

Schumann schrieb in Düsseldorf, bevor er in die Endenicher Anstalt transportiert wurde, auf einen Zettel: Ich habe aufgehört. Und deponierte ihn zwischen Noten. Die drei Wörter trieben mir die Tränen in die Augen. Aus einer einsammelnden großen Bewegung hält er an: Ich habe aufgehört. Es ist eine Absage an jegliche Bewegung. An den Atem, an die Phantasie, an das Leben. Die Musik, die den drei Wörtern folgt und ihnen antwortet, kennt keine Pausen, kein Metrum. Er nennt die Klavierstücke, die paradoxe Situation ausspielend: »Gesänge der Frühe.« Gesänge, die ihre Melodie vergessen haben.

Ich hätte es als Warnung verstehen müssen, dass ich mit den Fingern die Tasten der Schreibmaschine nicht mehr traf. Der Einschlag in der rechten Hirnhälfte setzte mich zufällig außer Betrieb. Es geht wieder, ich tippe die Sätze schnell und ohne Komplikation – aber ich bin langsamer geworden. Gegen die gewünschte Geschwindigkeit des Aufbruchs. Ich rechnete nicht mit der Müdigkeit, hoffte kleine Pausen zu überspringen, nur das Tempo hat nachgelassen, ich bin umständlich geworden, vergesse, was ich mir vorgenommen habe, verlege Bücher, Zettel, Gegenstände. In meiner Verzweiflung verschwinden sie und lösen sich auf.

Die Fäden müssen gezogen werden. Einmal, noch einmal, und noch ein letztes Mal in die Klinik. Der Aufenthalt, der mich mit Erinnerungen attackieren könnte, wird zum Ritual. Behandlungsräume haben Nummern, die vergeben werden. Die Wartezellen befinden sich in der Nähe der Behandlungsräume. Ich muss mich mit einem Tubu begnügen, Professor Y., dem Meister der Bypässe. Als ahnte der Assyrer mein Spiel mit den Tubus, raubt er mit heftigen Bewegungen den Blick auf seinen Chef. Wir wechseln so gut wie keine Worte. Er freue sich, dass ich mich sichtlich erholt habe. Der Assyrer unterstreicht seine Freude mit einer Art Schattenboxen und nimmt sich der Naht an, die er wahrscheinlich nach der Drainage gesetzt hat.

»Schmerzt sie?«, fragt er und wiederholt die Frage einige Male. Durchaus begeistert.

Ohne einen Nachsatz kommt der Tubus nicht aus.

Zufrieden betrachtet er die Arbeit seines Oberarztes und sagt dann sehr leise und eindringlich, als müsse es der Doppelgänger, der andere Tubus, hören: »Sie wissen, dass diese Stents sich lösen können und Sie deswegen beobachtet werden müssen.«

Ich weiß, antworte ich und schließe mit meiner Zustimmung das von mir inszenierte Spiel mit den beiden Tubus, die sich nicht aus den Augen lassen, aus Neid und Existenzsorge.

Suse, die Physiotherapeutin, der von Fabian bestellte Engel, wird in den kommenden Wochen dafür sorgen, dass mich die Narbe in der Leiste nicht mehr an Triumph und Niederlage der Tubus erinnert. Mit flinken Hexenhänden verteilt sie unter der Haut, was sich staut und drückt.

Ich reise oft, lese abends aus meinem Erinnerungsbuch vor. In Gedanken bin ich mir voraus, teile meinen Atem ein, frage mich, wie weit ich mit dem kaputten Bein komme, lange Wege zwischen Bahnsteigen versuche ich über die Reiseausdrucke im Reisebüro herauszubekommen.

Mein Siebzigster gibt mir die Gelegenheit, unbescheiden zu feiern. Die Freunde um Hartmut Höll denken sich ein Programm aus und laden in den Mozartsaal der Stuttgarter Liederhalle ein. Es wird gelesen, musiziert. Die erste Hälfte des Programms bestimmt Schubert, die zweite Mozart. Unter ihrem Schutz treten Freunde und Freundinnen auf, erzählen mir mein Leben, und der Boden unter meinen Füßen wird mit jedem Satz fester. Ein paar Schritte entfernt von der Liederhalle wird das Fest im Literaturhaus fortgesetzt. Dessen Chef, Florian Höllerer, sehe ich zum ersten Mal. Er gleicht seinem Vater, Walter Höllerer. Größer, kräftiger, doch den Kopf und den Oberkörper hält er ebenso geneigt, in einer Aufmerksamkeit, die sich nichts vergibt. Stockend, nach Wörtern suchend, sprechen wir über den Vater. Er ist vor ein paar Wochen gestorben. Ich habe ihn vor einer Ausstellung in der Berliner Akademie getroffen, zusammen mit Renate, seiner Frau, leicht und durchsichtig, gekrümmt, ein Federchen in der Menge. Dass er fortgegangen ist und sein die Wirklichkeit anfechtendes, großes Lachen mitgenommen hat, scheint mir unvorstellbar, es wäre wunderbar, wenn dieses Lachen ohne ihn wiederkehrte.

Ich genieße den raschen Wechsel von Gesprächspartnern.

Die Tempi springen, Erinnerungen suchen in Bildern und Fragen nach ihrer Gemeinsamkeit. Ja, ich erinnere mich an Sie!

Weißt du denn nicht mehr?

Sie alle, die sich hier zusammengefunden haben, sind mir damit vertraut, indem sie eine Geschichte von mir und mit mir erzählen könnten.

Ständig werde ich gefragt, was denn von dem nächsten Tag in Melchingen zu erwarten sei.

Die Fortsetzung des Fests, oben auf der Alb.

Sie alle, die Skeptiker, die meiner Albschwärmerei misstrauten, meiner Sympathie zum Lindenhof, revidierten einen Tag später ihre Zweifel: Es sei tatsächlich der Höhepunkt gewesen, eine Feier, wie man sie sich nur wünschen kann, Nähe schaffend, Wärme, und mit selbstverständlichen Überraschungen, vorbereiteten und ungeplanten. Die Landschaft, die ich seit einem halben Jahrhundert kenne, liebe, die ich, ohne ein geübter Wanderer zu sein, wenigstens in Spaziergängen erkundete, immer nach dem Schrittrhythmus Fritz Ruoffs, die Atemschwelle, wenn man mit dem Auto die Hochebene erreicht: der sich öffnende Raum, ein ›Spiel-

Raum‹, der fast alle meine Lebensalter aufbewahrt. Hier haben wir mit den Kindern, als sie noch nicht zur Schule gingen, die Ferien verbracht, hinterm Hügel in Erpfingen, wir kamen aus Berlin, aus Frankfurt. Die Leute, die ich hier oben traf, folgten waghalsigen Träumen und waren schon mit ihnen gescheitert. Ich konnte damals noch kilometerweit gehen. Kein Schritt machte mir Angst. Später träumte ich mit den Melchingern, wir spazierten über die Hügel, und mein Atem nahm dabei ab. Als der Engel der Geschichte während meiner »Winterreise« über den Berg rannte, beinahe abhob, überkam mich, mitten im Winter, Lust, es ihm nachzutun.

Kleists »Der zerbrochene Krug«, das Spiel der Lindenhöfler, überwältigte die ganze Festgesellschaft, die notorischen Theaterliebhaber und die vorsätzlich Blasierten. Die Körperlichkeit der Sprache Kleists sei sichtbar geworden.

Nach meiner Gewohnheit wechsle ich den Abend lang nicht vom Platz und nicht vom Tisch.

Elias Canetti, der denkende, dichtende Gnom, der seine Komödien, die Rollen und Stimmen wechselnd, vorspielte, hasste, wie alle wussten, den Tod. Während er an seinem grandiosen Aufsatz über Felice Bauer und Franz Kafka schrieb, besuchte er in Berlin Rudolf Hartung, den Redakteur der ›Neuen Rundschau‹. Ich saß zufällig in Hartungs Büro, das zur Niederlassung des S. Fischer Verlags gehörte. Auf den Unterschied zwischen Sterben und Tod einzugehen, fiel mir nicht schwer: der Prozess und das Ereignis.

Canetti korrigierte mich: Nein, nicht das Ereignis, das Urteil. Leben und Sterben sehe er als einen ununterbrochenen Prozess, der mit einem Urteil – wessen Urteil? – abgeschlossen werde. Canetti nannte plötzlich und sehr heftig diese metaphorischen Versuche ausgesprochen albern.

Die Reise

Nach dem Geburtstag erwartete mich eine Reise, auf die ich mich freute und die ich hörend vorbereitete – eine Spanne möglicher Rekonvaleszenz. Frau Rey, die Pressereferentin des Windsbacher Knabenchors, hatte mich eingeladen, in der Vorweihnachtszeit 2003 bei Konzerten des Chors Erinnerungen, vor allem unfeierliche, an den Heiligen Abend vorzulesen. Ein Stück wurde in seinem widersprüchlichen Ansatz beinahe programmatisch. Es steht in »Nachgetragene Liebe«:

Weihnachten 1942 feierte mein Vater mit uns und setzte, gegen finstere Vorahnungen, die Sentimentalität. Er bat mich, begleitet von einem Geiger des Olmützer Theaterorchesters, vor der Bescherung Weihnachtslieder zu singen. Das Vorhaben endete unvermittelt, ich hörte auf zu singen. Hier nun sangen »Knaben« von zehn bis zwanzig, wirkliche Knaben und alte Knaben.

Sie sangen Weihnachtslieder in ausgeklügelten Sätzen und machten mich mit den Wundern des A-cappella-Gesangs vertraut, mit Einsätzen von außerordentlicher Spannung, einem zu instrumentaler Wucht sich steigernden Unisono.

Die Tournee begann am 5. Dezember 2003 in Berlin, im Deutschen Dom. Ich wohnte für die eine Nacht in der Akademie im Hansaviertel in der vertrauten Umgebung, versuchte, einen Rhythmus für die kommenden Tage zu finden, wurde aber von den Fragen, die mich ängstlich einkreisten, abgelenkt und aufgehalten. Immer waren es Gedanken, die sich mit meinen neuen Schwächen und Gewohnheiten auf den Reisen beschäftigten: Wie weit war das Hotel vom Veranstaltungsort entfernt? Wie würde ich den Weg schaffen?

Von der Akademie zum Dom fuhr ich mit dem Taxi, viel zu früh: Ich wollte mich wartend vorbereiten, treiben lassen, vielleicht mich noch in eine Kneipe zurückziehen, ein Glas Wein trinken. Bei der Lesereise im Jahr vor dem Doppelschlag hatte ich mir die alkoholische Einstimmung angewöhnt. Vermutlich war mir das nicht erlaubt, wie alles, das half, die Ängste wegzudrängen, über Hindernisse zu schweben. Der Dom, den ich noch nicht kannte, warf mich, groß und kalt, förmlich vors Portal. Ich setzte mich an den mittleren Gang und verfolgte die Gruppe von Touristen, die nach einer schwer durchschaubaren Choreographie sich über den Weg liefen, hintereinander hereilten, in Parallelen marschierten, im Gleichschritt, Japaner, Mannschaften aus der Provinz, Kleinstgemeinden in Begleitung eines Pfarrers.

Der Mann mit der Trompete und der Aktentaschenträger zogen in kurzen Schritten an mir vorüber. Offenbar ebenfalls eine Gruppe in der Domchoreographie. Sie sahen mich an und grüßten, ich erwiderte ihren Gruß. Ich hätte auf sie vorbereitet sein können. Sie standen im Programm für den Abend, wie ich auch, neben dem Chor, neben dem Dirigenten Karl Friedrich Beringer: Arvid Gast (Orgel) und Joachim Pliquett (Trompete). Ich sehe den beiden Musikern nach, sie probieren mit einem Schlüssel eine Tür an der Domwand aus. Sie könnte zur Orgel führen. Ich beginne mich gegen die Unwirtlichkeit des pompösen Gebäudes zu stemmen: In welchem Tortenstück werden wir platziert werden? Wo wird sich meine Stimme verlieren?

Anstelle eines Grußes sagt die junge Frau, die mit einem Lächeln vor mir stehen bleibt: »Wir haben miteinander korrespondiert, ich bin Christa Rey. Warten Sie schon lange?«

Ja, könnte ich antworten. Hier ist es kalt,

diese wilhelminische Scheußlichkeit ist offenbar schlecht zu heizen und lässt die Kälte von draußen rein, die rieselnde Berliner Bodenkälte.

Sie schaut mich entschuldigend an. Weiß sie, frage ich mich, Bescheid über meinen Zustand und rechnet mit Schwierigkeiten?

Wann kommt der Chor?

Mit meiner Frage habe ich ein Stichwort gegeben. Sie kommen nicht ordentlich im Block und in einer Reihe, sondern von allen Eingängen her. Das sind sie, stellt Frau Rey zufrieden fest. Der Coup ist ihr gelungen. Nach der heimlichen Domchoreographie beginnen sich die Besucher zu ordnen, drängen zu einem Block, suchen Plätze, drücken sich in Schlangen hindurch. Ein Tisch wird neben dem Podest für die Sänger aufgestellt. Ich werde zur Mikrophonprobe gebeten. Die Wade wird hart vor Schmerz, und ich humple den Gang entlang. Das Mikrophon wird mir nützen, denn es ist für den evangelischen Bischof Huber gestimmt: sehr trocken. Es muss mir gelingen, für diese lange Reise ein Drinnen und Draußen herzustellen. Das Drinnen sollte der Musik gehören.

Frau Rey erklärt mir, ich könne sitzen bleiben, das Konzert beginne gleich, und Beringer, der Dirigent, begrüßt mich mit einem Handschlag wie den ersten Geiger. Immerhin einer ohne Orchester. A cappella bauen sie mir ein wunderbares Drinnen: Ich schaue die erste Reihe lang, die »Kleinen«, die Soprane, eine Serie von Porträts im Stile Wilhelm Buschs, offen, neugierig, frech, beseelt von Bach und barocken Chören, und ich beginne mich auf die Reise zu freuen. Morgen werden wir uns in Wilhelmshaven wieder sehen. »Es wird scho glei dumpe« ist mein Lieblingsstück, das achte in der Folge. Ich muss noch warten. »Es wird scho glei Nacht.«

Ich übertreibe, mache mir etwas vor, erfinde Ängste, besonders die Angst, nicht mehr schreiben zu können. Mir laufen die Wörter weg, oder ich bilde es mir ein. Um sie nicht zu verlieren, halte ich sie im Schlaf bei mir, rede, rede im Traum Geschichten, die ich sehe, höre ständig meine Stimme, die mich erzählt oder mir erzählt, was aus dem Zusammenhang fallen könnte. Ich überlebe im Schlaf. Ich halte mich erzählend am Leben.

Auf dem Weg zum Restaurant, in das uns die Veranstalter geladen haben, gerate ich außer Atem. Es sei nicht weit, wurde mir versichert. Wenn solche Beteuerungen laut werden, gesellt sich zur Schwäche die Wut. Die mir wiederum den Atem nimmt. Frau Rey sorgt dafür, dass ich einen bequemen Platz bekomme. Sie zieht aus der Handtasche ein Päckchen Zigaretten, schaut mich fragend an und schüttelt mit mir zusammen den Kopf. Die Sprache der ohne Laster Verstummten. Ich höre zu, ziehe mich zurück. Die Themen wechseln. Erst die enorme Wirkung des Chors. Danach Beringers Leidenschaft, Stimmen zu wecken, ihnen Farbe zu geben. Dann der Krieg, unsere Hilflosigkeit gegenüber Selbstmordattentätern.

Sie haben als Kind ja auch noch den Krieg erlebt. Der ältere Herr, der uns eingeladen hat, versucht mich ins Gespräch zu ziehen. Sie erzählen es ja in »Zwettl«. Mich erstaunt, dass er diesen Titel nennt und nicht »Nachgetragene Liebe«.

»Diese traumatisierten Kinder«, sagt eine Frau am Tisch, »sind ja geradezu Mode geworden. Sogar im Radio wird ständig über ihre Schicksale diskutiert.«

»Aber«, wendet eine weitere Dame ein, »die haben sich noch nicht als lebendige Bomben missbrauchen lassen.«

Ich bitte den Kellner, mir ein Taxi zu rufen.

»Morgen in Wilhelmshaven.« Frau Rey bringt mich zum Ausgang.

Die Kälte setzt Konturen in die Luft, Wintergraphik. Ich fliege von Berlin nach Bremen. Bevor ich das Flugzeug verlasse, beginnt der Kampf mit dem Ärmel, dem linken Ärmel. Seit dem Einschlag in der rechten Hirnhälfte gelingt es mir nicht, den Arm so zu bewegen, dass ich in den Ärmel schlüpfen kann. Sobald ich ihn spanne, schmerzt er. Ich stehe wie in die Luft gefesselt, grotesk und lächerlich. Bis mein Arm den Ärmel findet. Angestrengt hole ich Atem und beginne mit Blicken die Länge des Wegs im Flughafen zu messen. Noch eine Schmerzgrenze.

Im Taxi, auf der Fahrt zum Hotel, fällt mir ein, dass Wilhelmshaven der Geburtsort meines Freundes Helmut war, Helmut Heißenbüttel, den die Schläge ins Hirn in den Rollstuhl gedrückt hatten. Im Rollstuhl besuchte er die Jahrestagungen der Berliner Akademie, wortlos und lächelnd. Oft standen wir in einem Halbkreis um ihn, redeten über sein Schweigen weg, lauter haltlose Sätze, die er vor seinem Verstummen mit Laune und nicht ohne Bosheit zitierte. Im Sommer vor seinem Tod trafen wir uns auf Juist, und die Insel teilte sich in rollstuhltaugliche Wege und unbefahrbare Sandstrecken. Mechthild und Ida, seine Frau, schafften es mit dem widerständigen Fahrzeug und seinem Passagier bis zum Strandkorb und kippten den schweren großen Mann hinein, mit dem Gesicht nach unten, und als ich erschrocken auf den gekrümmten Rücken schaute, hatte ich den Eindruck, als lache er unbändig, mein Freund.

Die Müdigkeit steigt in mir, als versänke ich im Moor. Ich bin kaum fähig, mich zu rühren, denke träg, nehme den kleinen Raum in Besitz, indem ich den Koffer abstelle, ins Bad schaue und mich aufs Bett lege. Vielleicht habe ich mir doch zu viel vorgenommen. Während ich einschlafe, denke ich an den Wecker im Koffer. Es gelingt mir nicht, ihn zu holen. Das Telefon weckt mich, Frau Rey fragt mich, ob sie mich zur Kirche mitnehmen solle. Sie habe ein Taxi bestellt. Es sind noch drei Stunden bis zur Aufführung, und viel Zeit zur Probe benötige ich nicht. Ich bleibe liegen, rufe wie jeden Tag um diese Zeit zu Hause an, gebe Bericht über meinen Zustand.

Ob ich an die Tabletten gedacht habe, ob ich daran denke, genügend Flüssigkeit zu mir zu nehmen.

Im Nachbarzimmer bläst ein Virtuose Trompete. Es könnte ein Thema von Dvořák oder Smetana sein, aber es ist nicht Pliquett, ›unser Trompeter‹, vielmehr sein litauischer Kollege, Mitglied eines Kammerorchesters aus Wilna, das den Betrieb im Hotel dominiert.

Das Taxi bringt mich in eine Vorstadt, und ich halte vergeblich Ausschau nach dem Hafen, dem Meer. Nur der Wind, der mich, als ich aussteige, empfängt, kommt spürbar von daher. Die Buben, die dieses Mal privat untergebracht sind, werden von ihren Gasteltern gebracht. Die Veranstalter laden uns zu Kaffee und Kuchen ein. Einige der Jungen nicken mir zu. Dieses zurückhaltende Signal von Vertrautheit tut mir gut. Wieder sind die Podeste vor den Altar gelegt, wieder werde ich gefragt, wo der Tisch stehen soll, wieder wird das Mikrophon geprüft.

Der ältere Mann vom Kirchenvorstand, der eine Leselampe wie ein Fragezeichen hinter mir herträgt, klagt über die Nachrichten aus dem Irak. »Der Irak«, sagt er, als zürne er einem sagenhaften Monster und fragt mich, ob ich den Krieg noch erlebt habe, korrigiert sich aber mit einer fahrigen Geste, die er mit der Leselampe unterstreicht: »Aber ich kenne ja Ihr Buch!«

Nachdem ich das Weihnachtskapitel vorgelesen habe, in dem Großmama beinahe an einem Würstel erstickt, 1943, als Vater, was er nicht ahnen konnte, zum letzten Mal seine Familie weihnachtlich traktierte, singt der Chor: »Nun sei willkommen, Herre Christ«, und ich sehe den Jungen, der ich gewesen bin, gerade so alt wie die frechen Zwerge in der ersten Reihe, in einem riesigen Lazarettsaal, ein Pimpf als Hilfssanitäter, als Geherda und Bringmirdas, Spielball sarkastischer Wünsche von Invaliden, die allein von Verbänden zusammengehalten werden, einen Kuchen von zu Hause sollte ich bringen, Pariser bitte schön, wenn du weißt, um was es sich handelt, und Senf. Senf! Senf war als pikanter Aufstrich sehr begehrt. Und verboten. Ich wurde zum Senfschmuggler. Wenn die Kinder wüssten, welche anderen Stimmen ich höre, wenn ich vorlese. Im Kyrie trennen sich die Stimmen, und die Soprane setzen ihre kühnen Bögen auf die dunkler getönten Säulen.

Die Reisemarschallin, Frau Sauerbier, zuständig vor allem für das Wohlbefinden der Sänger, besorgt mir einen Platz im Bus, der leer in die Stadt fährt und auch den Trompeter und den Organisten zum Hotel bringt. Wir drei verabreden uns zum späten Abendessen. Seit ich mit Musikern reise, schlafe ich mit einem Wackerstein im Magen ein, leide die halbe Nacht an Völle und nehme mir vor, vor der Veranstaltung zu essen.

Maestro Beringer setzt sich zu uns. Auf empfindliche Menschen wie ihn, die Stimmungen aussenden, reagiere ich vorsichtig. Es hängt meistens von der Situation, vom Verlauf eines Gesprächs ab, wann der eine schrill oder ausfällig wird. Ich trinke rasch, mir wird vor lauter Müdigkeit schwindlig. Beringer nickt mir zu: »Müde?«, bellt er heiser über den Tisch. Er wird die ganze Tour über heiser sein, einer, der so unvergleichlich Stimmen zu wecken versteht, muss die seine wohl verleugnen.

Ich setze mich auf den Bettrand, telefoniere, erzähle Mechthild vom Tag, wieder angeregt von den Stimmen. Sie erwartet mich. Der Chor reist weiter an den Niederrhein und ich in den Süden, nach Hause. Erst in zwei Tagen werden wir uns in Bergen-Enkheim treffen.

Ich lege mich hin, schon zwischen Schlaf und Wachen, und die Stimme, vor der ich mich fürchte, wird, wie bei den mechanischen Sprachpuppen, laut: eine erhobene Stimme. Eine erzählende Stimme. Sie erzählt mir, was ich zu träumen habe. Ich flehe gegen diese Stimme, die auch die meine ist, mit meiner Stimme: Bitte nicht! Sie spricht, und ich weiß, dass ich schlafe. Sie redet mich nicht an, sie nimmt mich auf und bewegt mich. Sie wird offenbar durch eine physiologische Gemeinheit ausgelöst. Sobald ich mich nach hinten fallen lasse, berühren sich in meinem Hirn Anschlüsse, die den Bildvorrat mit einem Impuls wecken. Bilder, die über Jahrzehnte aufbewahrt liegen, keineswegs verrottet, in ihrer verletzten Kraft beinahe frisch, denn sie kommen unbewältigt ins Gedächtnis. Bilder vom Krieg. Die Gegenwart hat sie verändert und mich gewissermaßen für sie frisch eingekleidet. Und sie geben die Gespräche am Tag wie Fernsehberichte in der Abendschau in ihrer Anschaulichkeit wieder.

Im Zug nach Frankfurt schlafe ich kurz ein, eine Art Ohnmachtsanfall, und frage mich, warum ich jetzt nicht vom Krieg träume, die Stimme nicht redet, weshalb tagsüber der Krieg ausbleibt.

Im Haus und im Garten in Walldorf bewege ich mich auf einer Insel, an deren Rand ich ständig stoße. Erstaunlicherweise macht mir das Gehen so gut wie keine Schwierigkeiten. Mechthild möchte über den Umgang mit den Jungen hören, mit Beringer. Ich erfinde Anekdoten, mit denen ich mir das Vertrauen der Knaben einrede, vor allem mit denen in der ersten Reihe, mit den Sopranen. Ich lege meine Hände auf ihre Hände, früher war es umgekehrt, stellen wir fest, und der Satz wird zeitlich symmetrisch: Früher waren deine kalt, und ich musste sie wärmen.

Warum träume ich hier nicht vom Krieg?

Ich fahre nach Bergen-Enkheim. Der einstige Stadtschreiber verblüfft die Berger, dass er in einem Chorkonzert auftritt.

Nach Rothenburg o. d. T., der nächsten Station, gelangte ich ohne Komplikationen. Die Kirche St. Jakob war mir als Ziel angegeben. Durch diese Stadt, die ›alt‹ scheint, sind wir vor Jahren unter kundiger Führung spaziert: Hans, mein Schwager, erzählte von dem Wiederaufbau des völlig zerbombten alten Kerns nach dem Krieg, er nannte ihn eine Fälschung, solche Überlagerungen und Schichtungen vergnügten ihn als Historiker. Er ist sehr jung gestorben, zählt zu jenen Toten, mit denen ich spreche, gleichsam Selbstgespräche führe.

Im Hotel horchte ich im Halbschlaf auf die Geräusche der Stadt vorm Fenster. Ich lag in einem Raum, der sich um das Zimmer herum weitete, die Geräusche der Schritte und Stimmen und Kirchenglocken markierten Nähe und Entfernungen. Die eingebildete Weite half mir atmen. Seitdem ich von neuem erkältet war, die Bronchien wieder gefüllt, fiel mir der Atem schwer. Es amüsierte mich, wie die Phantasie dem ausgeleierten, verbrauchten Leib auf die Sprünge half. Die Unruhe trieb mich hinunter. In der Gaststube wartete Frau Rey, um mich auf ein Interview vorzubereiten, noch vor dem Abend in der Kirche. Im Übrigen könnte ich den Journalisten mit Grund zur Eile drängen, denn der Chor und der Rest der Mannschaft seien ins

Pfarrhaus zu Kaffee und Kuchen eingeladen. An dem Mann, der sich kurz darauf zu mir setzt, einen Wein bestellt und ein Tonaufnahmegerät zwischen uns platziert, wirkt alles schräg. Ein Pfarrer, der von einem Gauner gespielt wird. Oder ein Pfarrer, der zu einem Gauner wurde. Der Kragen noch höher als sonst um den Hals. Ein schwarzer Anzug. Das Hemd geradezu Furcht erregend blütenweiß. Er leidet unter Atemnot wie ich, und ich gebe mir Mühe, um die Lächerlichkeit der Situation zu vermeiden, diskret zu atmen, die Bronchien still zu halten. Er ist immerhin um dreißig Jahre jünger als ich.

Wie diese Zusammenarbeit mit den Windsbachern zustande gekommen sei, möchte er wissen und antwortet sich selber, indem er mir erzählt – da staunen Sie –, dass er mehrere Jahre dem Chor angehört habe, noch vor Beringers Zeit; damals seien die Ansprüche noch nicht so angestrengt gewesen, ja, er wolle über meine Auftritte mit dem Chor berichten und uns über Bayreuth nach Ansbach folgen. Dort befinde sich nämlich die Redaktion seiner Zeitung. Jeder Satz, den er dem Chor widmet, hört sich giftig an: Natürlich, weil die Kirche den Chor tragen muss, auch das Internat, habe sich um das Unternehmen eine ganze Industrie entwickelt. Angewachsen sei sie wie ein Geschwür. Er atmet heftig, prostet mir zu und verschwindet gleichsam mit angehaltenem Atem, als Frau Rey vorbeikommt und mich zum Pfarrhaus begleiten möchte. Ich habe den Kritiker bis Ansbach nicht wieder gesehen. »Da müssen Sie schon eine Menge aushalten.« Ich wiegle ab, obwohl der schräge Kerl mir Energien geraubt hat, mir spürbar Kräfte fehlen.

In dem großen Saal, in dem es einladend nach Kaffee duftet, haben sich die Jungen nach Rang und Alter an die Tische gesetzt, die Großen, die Mittleren, die Abiturienten, die Kleinen, die Soprane. Ob sie von Frau Sauerbier angehalten wurden, einen Platz für mich freizuhalten, bin ich nicht sicher, immerhin legte sich in den vergangenen Tagen sehr rasch die Befangenheit, und die Kinder fragten mich aus. Ob die Geschichte mit dem Geiger stimme? Dann passe sie prima in den Zusammenhang. Sie machten nämlich professionell Musik, und in meiner Geschichte verzweifelt ein Junge, weil ihm ein professionelles Gehabe abverlangt werde. »Und wir und der«, kommentierte einer der Soprane mit einem von Sommersprossen zusammengehaltenen Pokerface, »und wir müssen da schon ziemlich heftig leiden.« Womit er auf einige wütende Ausfälle ihres Chorregenten während der Proben anspielt. Ich bedauerte die Buben: Da wart ihr ganz schön übel dran. »Na ja«, erklärt der Sommersprossige lebensklug, »die schlimme Laune hat mit dem Wetter zu tun. Bei solch einem Wetter wie heute kann der Chef zum Deibel werden.«

Der Deibel wird erneut die Stimmen strahlen lassen, ihnen Tiefe schenken, sie beweglich machen. Das wissen die Kinder. Am Abend nehme ich wieder meine Position ein, mit dem Buch hinterm Tisch. Der Chor tritt auf, zuerst die letzte Reihe, die »Großen«, danach die beiden mittleren Reihen, nicht Fisch noch Fleisch, unter ihnen aber der Vorsänger, ein ausgezeichneter Tenor, dann die erste Reihe, die Knaben eben, die Hochstimmigen vor dem Stimmbruch, die Soprane – sie wird man erst einmal Mores lehren, denn der Maestro herrscht sie im Kollektiv an, er bittet um ein kurzes A beim folgenden Halleluja, kein schlaffes, lässt ansingen, und sie bieten ihm, worüber er zürnen kann: »Habt ihr's gehört? Das hängt gedehnt und schlaff am Ende! Kurz muss es kommen! Lupfen muss es! Hoch hinaus! Das kurze A!« Es geht mir so ein, dass ich es auch kurz zu lesen geneigt bin, aus schierer Frömmigkeit zur Hälfte geschluckt.

Vermutlich sorgte die innere Spannung des Konzerts dafür, dass ich mich länger im Hotelrestaurant aufhielt, zu viel trank, zu viel redete.

Am nächsten Tag, ich sollte nach Bayreuth reisen, stürzte ich ab. Ich verlor den Mut und die Orientierung. Sogar im Hotel verirrte ich mich, brachte am Empfang die junge Frau durch einen verdrehten Abschied – ich vertat mich beim Zahlen und gab ungleich mehr Scheine – durcheinander und fürchtete, das Taxi komme zu spät. Ich pfiff hörbar aus dem letzten Loch, als ich mich in den Wagen quälte, und machte mich lächerlich, indem ich mich für die pfeifenden Bronchien entschuldigte.

Der alte Fahrer tröstete mich mit einem Satz, den ich so erwartet hatte: »Man wird nicht jünger.« Er trug mir die Tasche bis zum Bahnsteig. Ich musste, dachte ich mir, einen ziemlich hinfälligen Eindruck machen. Auf dem kleinen Bahnhof Steinach, den ich auf der Fahrt von Ansbach nach Rothenburg ohne Mühe überwunden und dort den Anschlusszug geentert hatte, geriet ich jetzt in eine Reisegruppe, die, nahm ich an, auf den angekündigten Zug nach Würzburg wartete. Ich folgte den Leuten. Fand einen Platz. Sank in mich zusammen und mahnte mich, nicht einzuschlafen. Der Schaffner sorgte für einen heftigen Adrenalinstoß und eine andauernde Aufregung. Ich sitze im falschen Zug, fahre zurück nach Ansbach und nicht, wie ich müsste, nach Würzburg. Mit der Feststellung, dass der Übergang in Würzburg zum Zug nach Bayreuth ziemlich knapp sei, versetzte er mich in einen aufgeregten Wartestand. Ich drückte meinen Rücken in den Sitz und redete mit mir: Du spinnst, du benimmst dich wie ein hilfloser Tattergreis. Du bist ein halbes Leben lang mit der Bahn unterwegs gewesen. Die stumme Rede half. Ich beobachtete mich, indem ich meine Mitreisenden beobachtete, und stieg aus und um.

In Bayreuth soll das Konzert in der Stadthalle stattfinden. Das Hotel lag weit von ihr entfernt. Die beiden Damen am Empfang gerieten, um Bescheid gebeten, in einen kurzen, heftigen Streit: ein kurzer Weg, ein langer Weg.

Die für das Treppenpodest zuständigen Jungen wiesen mich auf die Bühne und warnten: Da ziehe es, und es sei hundekalt. Ich stehe herum, warte auf Frau Rey, warte darauf, dass das Warten vergehe. Bayreuth lässt sich nicht erzählen. Ansbach hingegen schon. Da kann ich die Strecke zurückreisen, ohne in Steinach umsteigen zu müssen. Die Aussichten wiederholen sich. Hier bin ich vor Jahren schon einmal gewesen. Der letzte Abend mit dem Chor. Ich versuche, mich auf den Abschied einzustimmen. Der »Schwarze Bock«, das Hotel, liegt unmittelbar neben der

Kirche St. Johannis. Es schneit. Ich rutsche auf dem Pflaster aus und bin froh, keine weiten Strecken vor mir zu haben. Der Treppenaufgang zur Kirche ist allerdings bloß mit Geländer zu bewältigen. Es sei, erfuhr ich, mehr oder weniger die Stammkirche des Chors. Hier sei er zu Hause. Und hier hörte er sich auch so an. Das kurze A explodierte hinterm Halleluja, der Maestro holte, pendelnd mit Flügelarmen, Wunder aus den Kehlen.

Halleluja!

Freude über Freude!

Die Stimmen springen auf, leuchten, Sopran und Tenor, Alt und Bariton, wachsen zu einem beweglichen Vorhang, hinter dem sich die Geschichte verbirgt, die sie erzählen. Nach dem Konzert seien wir eingeladen von der Stadt und dem Kulturamt, ins moderne, gläserne Stadthaus. Ich möchte fort, spurlos. Die Abschiede werden mir vorgespielt, jetzt vor der Kirche. Da warten, es sind nur zwei Tage bis Weihnachten, die Eltern, warm eingepackt, neben dem Auto, fangen die Knaben ab, die Kinder, die heimwollen, noch sind die Choräle in ihren Köpfen laut, noch könnten sie singen. Ich schaue zu, sehe ihnen nach, wage es nicht zu winken, aber einer »meiner« Soprane ruft mir zu: »Adieu, Herr Härtling. Frohe Weihnachten!«

Die Tournee ist, wie auch das Schuljahr, vorüber, sie taucht in das Schneetreiben ein: Nach Haus! Nach Haus!

Beim Abendessen im Glashaus wurde Ansbach vielfältig gerühmt. Vor allem die Bachwochen, vor allem Karl Richter. Ich hörte zu, redete nicht mit, Beringer gab sich Mühe, mich mit der Geschichte der Windsbacher zu fesseln, die ich schon einmal, verzerrt, von dem schrägen Interviewer erfahren hatte. Ich glitt an den Rand des Schlafs. »Wir sollten das wiederholen«, meinte Frau Rey. Aber mein karges »Wie?« setzte einen Punkt.

Morgens im Zug nach Frankfurt schlief ich beim Lesen immer wieder ein, das Buch fiel mir aus der Hand. Aus Scham sorgte ich dafür, dass es nicht auf den Boden polterte, sondern lautlos mir über den Bauch rutschte, in den Schoß.

Zwettl – Die Lebenslinie

Ein farbiges Foto in der »Frankfurter Allgemeinen« setzte meine Gedanken in Bewegung: Es zeigte, wie in einer militärischen Zeremonie auf dem Soldatenfriedhof von Arlington Särge beigesetzt wurden. Die Soldaten in bunten Uniformen vor einem winterlichen Hintergrund. Aus dem Irak nach Hause geholt. Im Gegensatz zu jenen Soldaten, die während der Weltkriege in Europa umgekommen waren und an Ort und Stelle unter die Erde gebracht wurden oder auf Friedhöfen, die ihnen vorbehalten blieben, so genannten Soldatenfriedhöfen. Zu Hause, im Heimatort, erinnerte ein Denkmal, meistens von erhabener Scheußlichkeit, an die Gefallenen. Draußen und drinnen. Ihre entlegenen Gräber im Wald oder am Feldrand, auf denen Holzkreuze im Boden staken, übten auf mich als Kind eine unerhört magische Anziehung aus. Sie bezeichneten einen gewaltsamen und einsamen Tod.

Einmal sah ich zu, wie Tote ausgegraben wurden. Der böse, süße, klebrige Geruch trieb die Neugier auf Helden aus. Mir wurde schlecht. Wahrscheinlich kennt die amerikanische Armee nur eine Vermisstensuchbehörde, und nicht wie wir die Kriegsgräberfürsorge. Eine Institution, die Friedhöfe in Ackergröße und im Ausmaß von Beeten sammelt, in der Slowakei, in Russland, Sibirien, im Kaukasus oder anderswo. Auch in unserem Land: die Friedhöfe russischer, französischer Soldaten. Je mehr ich über die Soldatengräber nachdenke, umso größer werden meine Zweifel an draußen und drinnen. Auf den riesigen Kriegerfriedhöfen in Frankreich liegen auch Amerikaner begraben, nicht nur Engländer. Räumt die elektronische Kriegsführung von heute die Toten beiseite, will sie ungeschlagen und unverwundbar erscheinen, wie jetzt im Irak?

Ich habe über die fernen, die entfernten Gräber gesprochen, an einem Totensonntag vor drei Jahren, im Auftrag der Deutschen Kriegsgräberfürsorge, und um bei der Sache, um genau zu bleiben, las ich den Briefwechsel, den ich mit dem Volksbund Deutsche Kriegsgräberfürsorge geführt hatte, um das Grab meines Vaters auf dem Truppenübungsplatz Döllersheim zu sichern. Im Widerspruch zu Canettis

Verdikt begann ich, den Tod nicht als Urteil zu begreifen.

Nach Zwettl wurden wir nicht zufällig eingeladen. Vor einem halben Jahrhundert besetzte die Rote Armee die Stadt; das Kulturamt wollte mit meinem Buch »Zwettl« an das Ereignis erinnern und Erinnerungen wachrufen.

Die kleinen Schneeinseln an der Straße haben einen nassen Rand. Der Erinnerungsgrund der Stadt ist räudig, beherrscht von Verfolgern und Verfolgten in Uniform. Der graue Grund ist umstellt von lauter sehr farbigen, beinahe dem Frühling nahen Szenen. Der Lese- und Diskussionsabend soll in der Propstei stattfinden. Im Hotel wartet Detlef Berentzen, der inzwischen schon Zeitzeugen, wie er Mimi Neunteufel und andere nennt, ausgefragt hat. Gleich werde uns der junge Kulturreferent abholen. Die Propstei befinde sich um die Ecke, ein knapper Fußweg. Ich bitte, trotzdem gefahren zu werden. Neuerdings werden Ziele, um mich zu bewegen, um mich zu täuschen, gleich um die Ecke gerückt. Die Propstei erweist sich als ein besonders anziehender Rest von alten Gebäuden. Eine Kirche, ein Wohn- und ein Amtshaus, ein Friedhof. Im Wohnhaus seien psychisch Kranke untergebracht, wird uns erklärt, sie betreiben auch die Cafeteria, wenn der Saal kulturell genutzt werde, wie heute, oder wie in den letzten Wochen zu einer Kunstausstellung. Die wird eben abgeräumt.

Berentzen stellt den Bildwerfer bereit, der Referent Koller debattiert mit einer Dame des Kunstvereins, die Betreiber der Cafeteria beanspruchen mich und holen mich dreistimmig murmelnd in die Wirtsstube. Da gibt es selbst gebackenen Kuchen, Kaffee.

Was ist das für ein Zwettl, in dem ich ankomme? Vielleicht wiederhole ich die Ankunft, weil in die leere Topographie ein Grab eingezeichnet ist. Ich brauche das Grab, um mit ihm zu sprechen, um ein Stück Kindertrauer nachzuholen. Die Gräber, mit denen ich sprechen könnte, die in meine Erzählung gehören, verschwinden, werden von Amts wegen aufgelöst. Mutters, von Pfarrer Lörcher gesegnetes Selbstmördergrab ist seit langem unauffindbar. Großmutters Grab auf dem Nürtinger Waldfriedhof war mit einem Mal nicht mehr vorhanden. Vaters Grab ist verbürgt durch einen, der zugesehen hat, wie er unter die Erde gebracht wurde, ›neben Kameraden‹, und der die Hügel zählte und aufzeichnete. Das erste Grab in der dritten Reihe. In meinem Buch »Zwettl« habe ich die Zeichnung des Militärarztes abgebildet, und sie sollte den Ausgräbern und Umbettern helfen. Ich stehe oben an der Hauptstraße, schließe die Augen, sehe lauter alte Bilder, graue Häuserzeilen. Das Gelb, das habsburgische Gelb und die anderen Farben auf den Fassaden sind neu. Die Straßen waren auch leer, sage ich, als wollte ich meinen Vortrag vorwegnehmen, es gab keinen zivilen Verkehr. Nur die Autos der Flüchtenden und Verfolgten. Mitunter wurden sie auch für uns Kinder gefährlich.

Ein sehr junger Zisterziensermönch scheint Stammgast bei solchen Veranstaltungen zu sein. Er sitzt am Tisch, isst Kuchen und freut sich an den Zutraulichkeiten der Gastgeber. Das sei Frater Cosmas, klärt mich Johannes Koller auf, er sei bereit, uns durch das Stift Zwettl zu führen. Auch das wieder ein Stichwort, das den Vorhang zur Seite reißt. Auf einem Acker vor dem Stift versuchte ich mit einem Flüchtlingsjungen Kartoffeln auszugraben, zu klauen. Auf einmal wurden wir beschossen von lärmenden Rotarmisten. Wir rannten um unser Leben.

Wir werden uns morgen sehen, Pater.

»Nicht Pater«, korrigiert er mich, »Frater. Ich bin noch nicht fertig.«

Es hat ihn gegeben, Georg K., den Fledderer, den Sammler, der ausscherte aus der anständigen Geschichte der Stadt. Eine nicht geheure Existenz, verdorbenes Relikt. Friedel Moll hat ihn gekannt, in einer Sammlung über Zwettler Persönlichkeiten sogar ein Porträt über ihn geschrieben. Bei meinem zweiten Besuch in Zwettl, mit den Kindern und dem Team des Südwestfunks, meldete K. sich ungefragt, erschreckte Gisela Mahlmann, die Reporterin: Den Mann umgebe, sie könne es beschwören, Leichengeruch. Er stank. Das Gesicht, seine Hände waren grindig von Schmutz. Er bestand darauf, Bescheid zu wissen. Er könne sagen, wie es 1945 beim Einmarsch der Russen zugegangen sei, er könne es sogar bezeugen. Er habe damals alle Zeitungen und Aufrufe gesammelt, weil er nichts mehr fürchtete als die Vergesslichkeit seiner Mitbürger. Er sei ihr Opfer. Schon deswegen. Er führte uns in sein Archiv, in seine Bibliothek unters Dach des Rathauses. In durchhängenden Regalen sahen wir Tausende von Büchern; aus Kisten holte er Zeitungsstapel, Zettel. Der Katalog, nach dem alles geordnet war, befand sich in seinem knochigen Kopf. »Da! Da!« Triumphierend brachte er den Aufruf, den Anschlag, auf dem alle Männer zwischen achtzehn und sechzig aufgefordert wurden, sich zu melden, unterzeichnet von dem russischen Kommandanten. So hatte ich das Zwettler Ende meines Vaters schwarz auf weiß.

Wie ein Vogelpärchen hielt K. die beiden Bände von Schillers ›Räubern‹, schwarz, eingeschwärzt von der Geschichte. Die Erstausgabe! Unser Staunen belebte ihn. Er sei vor einem halben Leben Gärtner gewesen, Besitzer einer Gärtnerei. Als Bestätigung für sein Können, sein Wissen, legte er die Bände von Lenné, Erstausgaben, unvergleichlich schön bebildert, auf den kleinen Tisch, der in der Mitte des großen Raumes stand. Meine Bücher, schrie es immer wieder aus ihm, meine Sammlung! Wie er zu ihr gekommen sei, erkundigten wir uns vorsichtig. Wegen der Dummheit und Gemeinheit der Leute, die mit Lust übereinander herfielen, im Krieg, sich umbringen und denunzieren. In verlassenen Wohnungen, auf geplünderten Schlössern blieben die Papiere und Bücher zurück. Er habe sie sich geholt. Er habe sie aus Sturm und Feuer gerettet, sie gereinigt, um in ihnen lesen zu können, aber nicht ihre Wunden beseitigt, die klaffenden Rücken, die eingerissenen Einbände, die Wasser- und die Brandflecke. Gäbe es die Bücher nicht!

Berentzen warf Bilder von Zeitungsausschnitten und Anschlägen an die Wand. Friedel Moll kannte sich aus in K.s Sammlung. Sie befände sich inzwischen in seinem Archiv, dem der Stadt. Und er bestätigte die Existenz dieser unvergesslichen Erscheinung. Es hat ihn gegeben. Ich hätte ihn erfinden können.

»Lenné«, sagt K. und läuft an ›seinem‹ Regal entlang, »der ist mein Vorbild, und jetzt, nachdem die Parks verdorben sind und wir von Gärten nichts mehr verstehen, muss er es für alle bleiben.«

Der Vortragsraum füllt sich. Es wird warm. Ich sitze für mich allein, vorn hinterm Tisch, an dem die Vortragenden sich treffen werden, Berentzen, Moll und ich. Für einen Augenblick schlafe ich ein, halte den Atem an, starre im Erwachen auf ein Foto, auf dem die beiden jungen Neunteufels und meine Mutter zu sehen sind. Mir fällt ein, dass es nicht ein einziges Foto gibt, das die Zwettler Zeit meines Vaters verbürgt. Er ist verschwunden, wie ausgeschnitten, wie verblasst. Selbst Berentzen, dem Fährtensucher, ist es nicht gelungen, eine Aufnahme mit ihm aufzutreiben.

Von Georg K. gibt es, zu meinem Erstaunen, eine Fotografie. Sie entspricht meiner Erinnerung. Die Haut, sage ich, wie altes, grindiges Leder. Womit ich Friedel Moll vergnüge: Er hat sich so gut wie nie gewaschen.

Es ist Zeit zu beginnen, Berentzen stoppt den Bilderlauf.

Es fällt mir schwer, den Vortrag zweimal zu halten. Damals, zum Totensonntag, war es die vom Volksbund Deutsche Kriegsgräberfürsorge zusammengerufene Versammlung, also lauter aus einem Grund Trauernde. Aber ich wollte meine Trauer nicht mit ihnen teilen. Hier, in diesem engen, überfüllten Raum, spürte ich eine provozierende Neugier. Unter den Zuhörern wusste ich ein paar, die meinen Versuch, Vaters Grab zu finden, ernst nahmen.

Ich begann: Als der Krieg zu Ende ging, der Frieden ausgerufen wurde, der den Krieg nicht vergessen konnte, war ich zwölf. Gräber begleiteten mich. Vor allem am Rande der Fluchtwege, von Olmütz oder Brünn nach dem Süden, ins österreichische Waldviertel.

Das Wort ›Kriegsgräber‹ kannte ich noch nicht. Die Erdhügel, wenn sie überhaupt noch sichtbar waren, wurden Soldatengräber genannt, später gab es noch Russengräber. Ihre Einsamkeit zog mich zum einen an und machte mir zum andern Angst.

Ich hätte meinen Gastgebern gleich erklären müssen, worum es mir tatsächlich ging, weshalb ich ihre Einladung angenommen hatte, obwohl ich wusste, wie sehr die Reise mich strapazieren würde: Unlängst, nach zwei Schlägen ins Herz und ins Hirn, kam ich meinem Vater nah, indem ich zu sterben drohte. Ich erreichte die Grenze sechzig Jahre nach seinem Tod; ich bin dreißig Jahre älter, als er geworden ist. Jemand, der zu

Selbstgesprächen neigt wie ich, braucht, um das Gespräch zu lernen, Gräber. Am Grab meiner Mutter, auf dem alten Friedhof in Nürtingen, habe ich auf meine wütenden, widerborstigen Bubenmonologe Antworten gefunden. Das Grab verschwand, der Friedhof wurde zum Park. Am Grab meines Vaters könnte ich die Erfahrung mit ihm tauschen, wie man die Angst durchstößt, als wäre sie eine Wand, und auf die andere Seite gelangt. Er lag in der Lazarettbaracke auf dem ehemaligen Truppenübungsplatz Döllersheim, im Gefangenenlager, und schaute in eine Gegend, in die hineinzusterben sich keine Seele wünschen kann: schwarz und aufgewühlt von Granateinschlägen, die Häuser der einstigen Dörfer in Trümmern, die Bäume gespalten. Nach dem ›Anschluss‹ hatte die Wehrmacht auf Hitlers Befehl den Truppenübungsplatz eingerichtet. Unter den Dörfern, die verschwinden, aus dem Gedächtnis gebombt werden sollten, befanden sich die Dörfer der Hiedlers. Nichts sollte von ihm und der Armseligkeit, aus der er kam, bleiben. Er brannte sich die Wurzeln aus.

Ich redete über Menschen und Ereignisse, die viele unter meinen Zuhörern nicht kannten. Ich redete auch von einem Ort, in dem ich ein Jahr gelebt hatte, und der fast allen, die mir zuhörten, vertraut war: Zwettl im Krieg, das sich duckende, von Schrecken und Abscheu überzogene Zwettl, die Stadt als Fluchtstrecke.

Die amerikanischen Truppen hielten an der Enns und überließen das Wein- und das Waldviertel den Russen, fuhr ich fort. Mein Vater meldete sich, als sämtliche Männer aufgefordert wurden, an dem von der Kommandantur angegebenen Sammelpunkt.

Friedel Moll konnte diesen Satz mit einem Handzettel der Sowjettruppen dokumentieren.

In einem langen Zug Kriegsgefangener zog er nach Döllersheim, seinem ehemaligen Standort bei der Wehrmacht, an dem die Russen das Kriegsgefangenenlager eingerichtet hatten. Ich sah ihn noch einmal, als ich an der Pestsäule wartete, um ihm ein Medikament gegen die Ruhr zuzustecken, zuzuwerfen. Die Wachsoldaten jagten mich fort.

Ein Jahr später, wir mussten als reichsdeutsche Flüchtlinge Österreich verlassen, erhielten wir die Nachricht, er sei im Lager gestorben.

Meine Mutter nahm sich das Leben.

Im Januar 1971 bekam ich Post aus Zwettl. Der Apotheker J. S. schrieb mir, lud mich ein:

»Erlauben Sie mir, Ihnen in der Anlage zwei Exemplare der Zeitung ›Zwettl aktuell‹ zu übersenden, die sich auf Seite 2 mit Ihrem Beitrag

über das Jahr 1945 beschäftigte, das Sie und Ihre werte Familie in Zwettl verbracht haben. Das harte Schicksal, das Ihre Familie hier erlebt hat, ist mir bekannt.

Trotzdem nehme ich an, dass Sie nach Maßgabe Ihrer Zeit unserer Stadt einen Besuch abstatten werden.«

Ich lernte den Apotheker nicht kennen, der Rotkreuzbeauftragte Jung erwartete mich, und ich führte mit Mimi Neunteufel ein tastendes Gespräch über das Kind, das ich gewesen war. Hier in der Propstei hörte nun auch sie zu.

Der Feldarzt, der den Tod meines Vaters festgestellt und offenkundig auch an seiner Beerdigung teilgenommen hatte, hielt auf einem Notizblatt die Lage der einzelnen Gräber des Krankenfriedhofs vor der Baracke B fest. Zwei Reihen Gräber und ein erstes in der dritten Reihe. Sein Grab.

Die Militärverwaltung zweifelte, an dieser Stelle Gräber zu finden. Es gäbe keine Unterlagen dafür.

Als ich damals Zwettl besuchte, waren die Gräber bereits gefunden und zum Teil freigelegt.

Herr Jung begleitete mich nach Allentsteig. Die Fahrt über den Truppenübungsplatz, nachdem die Straßenschranke für uns hochging und wir kontrolliert worden waren, führte in vergangene und vergessene Bilder: in eine Gegend, gerahmt von schwarzen Wäldern und unter schweren Wolken, die von einem Krieg zur Probe verwüstet worden war.

Wir stiegen um in einen Jeep, der uns zu einer Gruppe von Baracken in den Lagerteil Edelbach brachte. Auf eine der Baracken deutete der Oberst, der uns erwartete: Das sei ohne Zweifel das Lazarett gewesen. Ein paar Wände darin seien wohl zusätzlich gezogen worden. Ich durfte hinein.

Damals schrieb ich, dachte ich, ich habe, aus dem Fenster blickend, gesehen, was mein Vater zuletzt gesehen hat. Inzwischen weiß ich es besser. Er könnte, zermürbt von Schmerzen und Müdigkeit, unter einer Schutzhaut, die Knie angezogen, gelegen haben und seinem Bewusstsein verloren gegangen sein, unerreichbar drinnen. Ich sehe uns beide, ein atavistisches Paar, nebeneinander in der gleichen Haltung. So, sage ich ihm, könnten wir versteinert ausgegraben werden.

Die Lage der Gräber entsprach genau der Skizze des Arztes. Bloß das ebenfalls eingezeichnete Waldeck gibt es nicht mehr. Die Gräber lagen nicht offen. Die aufgeworfene Erde war vom Sommer trocken. Ich starre auf das Erdstück in der dritten Reihe.

Herr Jung versprach mir beim Abschied, mich über das, was weiter geschehen werde, zu unterrichten.

Er meldete sich nie. Nach zehn Jahren, im Januar 1982, bat mich die Bundesgeschäftsstelle des Volksbundes Deutsche Kriegsgräberfürsorge um eine Fotokopie der Sterbeurkunde meines Vaters. Am 6. 4. 1982 antwortete mir die Sachbearbeiterin Bellingrath:

»Wir danken Ihnen für Ihr Schreiben mit den Fotokopien der Sterbeurkunde. Eine dieser Urkunden haben wir der Deutschen Dienststelle (ehemalige Wehrmachtsauskunftstelle) in Berlin zur Verfügung gestellt, damit in den dortigen Unterlagen Ihr Vater ebenfalls entsprechend registriert werden kann.

Für die weiteren Ermittlungen nach der genauen Grablage Ihres Vaters benötigen wir jetzt noch einmal Ihre Hilfe.

Anlässlich der Umbettung der deutschen Kriegstoten von dem Lagerfriedhof Edelbach zum Soldatenfriedhof Allentsteig/Niederösterreich konnte die genaue Grablage Ihres Vaters nicht ermittelt werden. Da aber anlässlich der Umbettung durch unser Fachpersonal von allen

Gefallenen sorgfältig die unveränderlichen körperlichen Merkmale festgehalten worden sind, bitten wir Sie, das anliegende Formblatt ausgefüllt an uns zurückzusenden.

Wir sind sicher, dass wir mit Hilfe Ihrer Angaben über Ihren Vater seine genaue Grablage feststellen können.«

Ich habe das Formular postwendend zurückgeschickt, allerdings werde ich nicht alle Fragen beantwortet haben können. Ungleich mehr beschäftigte mich der Unterschied zwischen Lager- und Soldatenfriedhof. Wurden die Gefangenen erst durch die Umbettung wieder zu Soldaten? Und Gefallene waren jene, die vor der Baracke B begraben lagen, wahrscheinlich alle nicht. Sie waren, wie mein Vater, durch Hunger und Krankheit umgekommen.

In meiner Vorstellung begann das Grab zu wandern, vom Lagerfriedhof zum Soldatenfriedhof. Ein letzter Brief vom Volksbund, abgeschickt am 12. Mai 1982, gab meinen Vater als Kriegstoten verloren, löschte ihn aus dem Grabregister:

»Die wiederholte, sorgfältige und sehr eingehende Überprüfung der uns vorliegenden Umbettungsunterlagen und Ausbettungspläne, anhand

der von Ihnen übermittelten unveränderlichen körperlichen Merkmale Ihres Vaters, sowie der Grablegeskizze führte zu unserem Bedauern wiederum zu keinem Ergebnis. Für keinen der Kriegstoten aus der Reihe der in den Jahren 1957 bis 1971 vom ehemaligen Lagerfriedhof Edelbach beziehungsweise dem Truppenübungsplatz Döllersheim nach Allentsteig umgebetteten deutschen Soldaten treffen die Körpermerkmale Ihres Vaters – Größe, Goldplomben und Alter – zu.«

»Bis 1971 ...« Also stand ich damals tatsächlich zwischen den letzten Gräbern, die gefunden wurden. Ob aber die Skizze des Lagerarztes sie finden half, erweist sich plötzlich als fraglich, und wenn die Nachforschungen des Volksbundes zutreffen, lag unter dem Sandgeviert, zu dem mich der Oberst gewiesen hatte, nicht mein Vater, sondern ein unbekannter Soldat.

Das irritierte mich nicht. Im Gegenteil. Es förderte die Aufhebung eines Ortes in die Erinnerung.

Ein Zuhörer in der Propstei sprach mich nach dem Vortrag an, wir saßen, bedrängt von den fröhlichen Gastgebern, in der Cafeteria. Er habe es kaum aushalten können, wie das Grab meines Vaters abhanden gekommen sei. Bloß wegen der

Bürokraten. Ich versuchte ihm auszureden, dass die die Schuld hätten. Im Krieg ginge viel verloren, nicht nur Besitz wie Häuser, Wohnungen, Autos, sondern eben auch Väter, Großväter, Mütter und Kinder. Er bestand darauf, das Grab eines Menschen, den man liebt, zu brauchen. Ich erwiderte ihm, allmählich akzeptierte ich die Einsamkeit der Soldatengräber. Schließlich seien die Männer für sich allein gestorben.

Am Tag darauf fuhren wir mit Berentzen zum Soldatenfriedhof Allentsteig, nachdem ich noch einmal den »Vorschlag« meines Briefpartners beim Volksbund zur Kenntnis genommen hatte:

»*Wir möchten Ihnen – vorsorglich zunächst – den Vorschlag unterbreiten, dass die Personalien Ihres Vaters auf dem neuen Soldatenfriedhof Allentsteig in der gleichen Form auf einem Grabkreuz angebracht werden, wie die der identifizierten Kriegstoten – jedoch mit dem Zusatz ›i. m.‹ (in memoriam), dass der Personennachweis mit dem in der betreffenden Grabstätte ruhenden Unbekannten nicht erbracht wäre.*«

Wäre, hätte ich zurückfragen müssen, der tote Soldat dann nicht um seinen Namen, um sein Leben und um die Trauer betrogen?

Der Friedhof liegt auf einem ackergroßen

Stück, umfriedet von einer niedrigen Mauer, an der Landstraße. In geometrischer Ordnung ragten schwarze Grabsteine aus dem tiefen Schnee, der in der Woche zuvor gefallen war. Die Steine glichen einander ganz und gar, und die Marschordnung, in die sie gestellt waren, erinnerte an die furchtbare Strenge ihrer Aufgabe und an ihre Pflicht, der der Sinn abhanden gekommen war. Wäre es ein Trost, fragte ich mich, ihn hier für allezeit eingereiht zu sehen?

Sein Grab hat keinen Grund.

Das offene Grab erspart es mir, Drinnen und Draußen für meinen Vater und für mich zu definieren.

Mit Molls fuhren wir am anderen Tag aus dem Schnee in den aufbrechenden Frühling zum Kloster Melk. Friedel Moll hatte uns angemeldet, der Pater Bibliothekar führte uns. Er geleitete uns, erzählend, durchs Museum, und in seinem Tempel, der Bibliothek, schlug er, feierlich und behutsam, alte Bücher auf. Der Weg vom Museum zur Bibliothek führt über eine Terrasse, die mit königlichem Schwung dem Betrachter die Landschaft schenkt, das Tal der Donau, die Stadt Melk, die Wälder und Weinberge im Hintergrund. In Streifen wanderte Licht über die Gegend, die, dem himmlischen Rhythmus folgend, in den Schatten sank. Ich hörte eine Musik, das »Et incarnatus est« aus der Es-Dur-Messe von Schubert, dieses Wiegenlied der Unendlichkeit, das von fünf Stimmen aufgenommen und wiederholt wird.

Es stimmt, sobald ich dieser Erfahrung traue: Durch Zwettl läuft die Grenze zwischen Draußen und Drinnen, meine Lebenslinie. Es ist auch der Ort, an dem meine Erinnerung die Richtung wechselt.

Peter Härtling im dtv

»Einer der renommiertesten und meistgelesenen
deutschen Schriftsteller.«
SWR

Nachgetragene Liebe
ISBN 3-423-11827-X

Hölderlin
Ein Roman
ISBN 3-423-11828-8

Ein Abend, eine Nacht, ein Morgen
ISBN 3-423-11837-7

Herzwand
Mein Roman
ISBN 3-423-12090-8

Das Windrad
Roman
ISBN 3-423-12267-6

Božena
Eine Novelle
ISBN 3-423-12291-9

Hubert oder Die Rückkehr nach Casablanca · Roman
ISBN 3-423-12439-3

Waiblingers Augen
Roman
ISBN 3-423-12440-7

Die dreifache Maria
Eine Geschichte
ISBN 3-423-12527-6

Zwettl
Nachprüfung einer Erinnerung
ISBN 3-423-12582-9

Schumanns Schatten
Roman
ISBN 3-423-12581-0 und
ISBN 3-423-20887-2

Große, kleine Schwester
Roman
ISBN 3-423-12770-8

Eine Frau
Roman
ISBN 3-423-12921-2

Schubert
Roman
ISBN 3-423-13137-3

Leben lernen
Erinnerungen
ISBN 3-423-13288-4

Hoffmann oder Die vielfältige Liebe
Eine Romanze
ISBN 3-423-13433-X

Der Wanderer
dtv großdruck
ISBN 3-423-25197-2

Janek
Porträt einer Erinnerung
ISBN 3-423-61696-2

»Wer vorausschreibt, hat zurückgedacht« · Essays
ISBN 3-423-61848-5

Bitte besuchen Sie uns im Internet: www.dtv.de